KB099595

더 높은 삶을
디자인하다

더 높은 삶을 디자인하다

제퍼슨 산토스

사은영 옮김

HIGHER
LIFE
DESIGN

ICF PRESS

　　제퍼슨 산토스 님의『더 높은 삶을 디자인하다』는 이미 미국에서 베스트셀러로서 인정받은 성공을 향한 자기 계발서입니다. 젊은이들이 질 높은 미래의 삶을 스스로 개척할 수 있도록 훌륭한 지침서를 한국에서 출간한 것에 감사드리며, 이 책이 독자들에게 안겨 줄 영감을 생각하면 가슴이 떨립니다.

_ 이종영

　　제퍼슨은 인생의 큰 풍랑을 맞아 힘들었던 저에게 보다 더 큰 꿈과 비전을 깨우쳐 주고 나아가 인생을 바꿀 수 있도록 이끌어 준 저의 멘토입니다. 이 책이 삶의 돌파구를 찾고 있는 한국의 독자들의 잠재력을 극대화하고 미래를 성장시키는 데 큰 선물이 될 것임을 확신합니다.

_ 제임스 조

　　우리는 끊임없이 배워야 합니다! 어떤 위치, 어떤 상황에서도 학생(學生)의 자세를 견지할 때 다름을 인정할 수 있고 겸손할 수 있습니다.『더 높은 삶을 디자인하다』는 어려움에 처할 줄도, 풍부함에 처할 줄도 알았던 제퍼슨 산토스의 끊임없는 배움의 결정체입니다. 이 책은 배움의 의지를 불러일으키는 탁월하고 친절한 안내서가 될 것이며, 비즈니스 현장에서 한 차원 높은 성과를 디자인하기를 원하는 모든 분들에게 더할 나위 없는 지침서가 되리라 확신합니다!

_ 폴 이정욱

하루하루를 견디어 가고 있는 저에게 제퍼슨을 만난 날은 제 삶을 새롭게 디자인하기 시작한 날로 기억됩니다. 어느 날 일어나 보니 내 꿈보다 아름다운 현실이 다가와 있었고 이후 특별한 삶을 누리게 되었습니다. 제퍼슨의 영향이었습니다. 인생은 '누구를 만나느냐'에 따라 큰 차이로 디자인 됩니다. 50대 중반 아줌마의 삶이 바뀌었듯이 이 책은 특별한 삶의 길잡이가 될 겁니다.

_ 이순선

2014년 제퍼슨 산토스로 인해 인생의 새로운 꿈이 시작되었고 지금은 행복한 제2의 인생을 살고 있습니다. 이 책이 많은 사람들에게 희망의 불씨가 될 것을 확신합니다.

_ 임종덕

3년 전 싱가포르에서 제퍼슨 산토스의 강의를 듣고 제 인생은 송두리째 바뀌게 되었습니다. 이제 수많은 독자들은 이 책을 통해 우리의 꿈을 현실로 만들어 줄 기적의 날개를 얻게 될 것입니다. 더욱 차원 높은 자신의 삶을 디자인하십시오!

_ 스티븐 리

21세기 현대 사회를 가장 아름답고 멋지게 살아가는 인생의 지침서로서 우리 삶을 리 디자인하는 필독서입니다.

_ 로버트 김

"제퍼슨은 차세대 기업가들을 위해 깃발을 올렸다. 너무 멋진 삶을 살수 있는 비즈니스에 대한 관심과 열정을 흠뻑 불어넣어 주었다. 자신의 꿈을 실현시키는 것에서 멈추지 않고 수십만 명이 그와 같은 삶을 살 수 있도록 가르쳐 주었다. 이 멋진 여정에서 그가 여러분을 지도할 수 있기를!"

_ 제시 크리거, 베스트셀러 『*Lifestyle Entrepreneurs*』의 작가

"제퍼슨은 행동하는 사람이고 꼭 성공하고야 마는 사람이다! 그는 자신이 원하는 걸 단순히 생각만 하고 있지 않다. 그는 집중하면서 매 순간 시도한다. 이 책을 보는 독자는 아직 한 번도 가 보지 못한 곳을 알려 주는 완벽한 가이드북을 손에 쥐고 있다. 제퍼슨의 이야기를 따라서 그가 제시해 주는 단계를 차근차근 따라가 보라. 이미 한참 기다렸다는 것을 알 것이다."

_ 웨인 D 퍼넬 박사 고성과 리더십 코치 겸 『*Choosing Your Power*』의 저자

"페이지를 한 장 한 장 넘길 때마다 제퍼슨의 열정이 느껴진다. 제퍼슨은 더 높은 삶을 디자인하도록 도우면서 당신이 건강하고 부유하고 행복하게 살도록 영감을 주고 준비를 시킨다."

_ 마르시아 위더, 드림 대학교 CEO 겸 창립자

"삶의 모든 분야에서 빠른 성공을 이루고자 하는 많은 사람들에게 시간을 초월하는 원리인 『더 높은 삶을 디자인하라』는 총체적이고 독창적이다. 더욱 중요한 것은 기억하기 쉽다는 것이다. 빠른 시간 안에 높은 수준의 성공을 위해 날아오르려는 사람들에게 이 책을 적극적으로 권한다!"

_ 웨인 뉴전트, WV 홀딩스 CVO 겸 창립자

"나는 제퍼슨을 친구라고 부를 수 있어 축복받았고 그가 자신의 삶을 책으로 출판한다는 것을 알았을 때 너무 기뻤다. 여행의 은유를 활용하여 제퍼슨은 독자들과 전체를 포괄하는 여정을 떠난다. 그는 자신의 좋고 나쁜 모든 삶의 교훈과 자신이 깊이 통찰한 내용을 거장처럼 알려 준다. 삶에서 더 큰 무언가를 원하고 오를 준비가 되어 있다면 이 책을 꼭 읽어야 한다."

_ 데리 르웰린 데이비스, 비즈니스 성장 인터내셔널 전략가

"웰빙과 행복감으로 이어지는 자신만의 운영은 높은 수준의 성공을 이루게 한다. 제퍼슨의 '더 높은 삶을 디자인'하는 방법은 내면의 변화를 꾀하고자 하는 사람들과 성공과 행복을 위해 인간의 잠재력을 극대화하려는 사람들에게 큰 도움이 될 것이다."

_ 크리스틴 칼슨, 베스트셀러 『잘하고 싶다, 사랑』 시리즈 공동 저자

내가 간절히 꿈꿨던 것보다
더욱 상상도 못할 정도로 내 삶을 행복하게 바꾸어 준

메건, 해리슨, 리빙스톤에게

차례

"삶과 예술에 있어 최고에 이른 사람(이하 마스터)은
자신이 하는 일과 놀이 사이, 노동과 레저 사이, 마인드와 몸 사이,
교육과 레크리에이션 사이에 특별한 차이를 두지 않는다.
마스터는 그 둘의 차이를 거의 알지 못하며 단순히 자신이 하는 일이
무엇이든 그 일을 통해 최고의 경지를 추구한다.
그리고 다른 사람들이 그가 하고 있는 것이 일인지 노는 것인지를 결정하도록 한다.
마스터는 항상 이 두 가지를 함께 하는 것처럼 보인다."

- L. P. 잭스 -

나의 저격수, 우편함

우리가 원하면 얻어지는 게 아니다.
어떤 사람인지에 따라 달라진다.

나는 항상 내 삶이 어떤 모습이었으면 하고 바라는 꿈이 있었
다. 제퍼슨을 만났을 때 나는 신이 내게 친구이자 스승을 보
내 나의 꿈에 색을 입히고 그것이 현실이 되도록 이끄는 확신
을 받았다. 삶에서 다른 사람에게 영감을 일으키고 욕심 없이
선의를 베푸는 진심 어린 사람을 만날 기회는 거의 없다. 제퍼
슨은 바로 그런 사람이다.

          - 클레멘트 B.-

그날 오후 나는 댈러스의 길가를 두려움에 사로 잡힌 채 걸어갔다. 할 수 있는 모든 용기를 내어 최악의 상황을 준비하고 있었다. 내가 가장 싫어하는 날의 모습이었다. 어떤 이들은 그곳이 무언가 가능한 일이 전해지는 곳으로 생각하기도 하겠지만 나에게는 고통의 장소로 느껴졌다. 결코 내가 자주 오가고 싶어 하는 장소는 아니었다. 차라리 체육관에서 60분 동안 강도 높은 운동과 버티기 훈련을 하는 것이(60초일지라도) 아파트 우편함을 열어 보는 것보다 훨씬 낫다는 생각이 들 정도였다.

우편함은 나의 친구가 아니라 날을 세운 저격수같이 느껴졌다. 타깃은 나의 자만심, 나의 미래, 그리고 가장 비참하게도 나의 신용 등급이었다.

재정적으로 무책임한 것은 아니었지만 그렇다고 나는 영화배우 데이비드 램지에게 재무 관리에 대한 비법을 가르쳐 달라고 할 정도의 사람도 아니었다.

사실 나는 돈이 없었다. 돈이 없는 것도 모자라 빚을 지고 있었다. 은행 계좌에는 마이너스 잔고가 전부였다. 마이너스 1,100불. 전체 빚도 7만 불로 처지는 비슷했다. 신생 벤처 기업을 만들어 성공해 보려는 젊은 사업가의 치기 어린 야망에도 불구하고 삶은 나를 빚더미에 빠지도록 했다.

그랬다. 나는 25살이었고, 7만 불 이상의 빚을 져 어머니의 아파트에서 함께 살고 있었다. 나는 나의 사업에 자신이 있었지만 당시는 아니었다. 다만 아직 무언가를 이룬 게 없었고 다 큰 성인이라는 느낌도 전혀 없었던 것 같다. 어찌 되었든 큰 꿈을 가진 소년이었다.

나의 빚은 충동적인 구매로 생긴 것이 아니었다. 끊임없이 다양한 전략을 시도해 보았고 에너지를 쏟아붓다가 만들어진 결과였다. 나는 흔하지 않은 열의를 가지고 여러 사업에 뛰어들었다. 그 어떤 것도 대충하고 싶지 않아서 여러 사업들을 내 스타일대로 풀어 나갔다. 나는 일과 노는 것이 함께 가능한 것을 큰 목표로 삼았지만 아무리 최선을 다해 노력해도 내 목표는 비껴가는 걸 즐기기만 하는 것 같았다.

곧 들이닥칠 것만 같은 폭풍전야

매우 습하고 흐린 텍사스의 하늘에 두 가지 피할 수 없는 현실이 닥쳐오고 있었다. 폭우와 파산이다. 두 개의 폭풍은 의심할 여지없이 끓어오르고 있었다. 하나는 날씨와 관련되었고 다른 하나는 나의 미래와 관련되었다.

내 생각이 곧 임박한 경제적 실패로 소용돌이칠 때 나는 우편함으로 이어지는 복도의 문을 열었다. 내 눈은 내 우편함, 좀 더 정확하게 말하자면 어머니의 우편함 맨 윗줄을 훑었다. 차라리 스팸 메일이었으면 하고 기도했다. 적어도 스팸 메일은 청구서나 송장을 동봉하고 있진 않았다.

그 복도 전체가 지옥 같았다. 바닥에 씹고 버린 껌이 지뢰같이 보였다. 한 발만 잘못 내디디면 다 낡아빠진 아식스 운동화가 원치 않는 파편들을 제거할 태세였다. 당시 나이키가 대세였지만 내 주머니 사정으로는 어림없었다. 나는 채무자로 수감되지 않고 26살을 맞이하고 싶었다.

지뢰를 피하는 심정이 그 당시의 내 마음 상태를 요약해 준다고 할 수 있다. 줄곧 채권자들에게 시달렸다. 이 나라는 자유롭고 용기 있는 자들의 나라가 아니었던가? 그러나 지금은 내가 아는 그 터전이 아니었다. 그리고 나도 전혀 용기 있거나 자유롭게 느껴지지 않았다.

나의 현실은 좀 달랐다. 성취감보다는 좌절이라고 불리는 곳에 사는 나를 발견했다. 단순한 시민이 아닌 불행한 지역의 시장 정도 되는 듯 무거웠다. 그래도 포기는 생각하지 않았다. 그 당시 나는 낙담을 하긴 했으나 실패를 받아들일 준비는 되지 않았다. 최근 몇 달간은 창의력을 발휘해서 돈을 벌었다. 근처 나이트클럽에서 '몸짱 대회'에 나가 몇 번 우승하여 상금을 받았지만 200불의 상금으로는 내 경제적 문제를 해결할 수 없었다.

이때까지 나는 잘못된 것을 바꿔 보려는 데 초점을 맞췄다. 허점 많은 나의 전략은 인식하지 못한 채 결과만 바꿔 보려고 엄청 정성을 들였다. 내 생각에 문제가 있다고는 당시에 알아차리지 못했다.

그때는 원하는 게 있으면 얻을 수 있을 줄 알았다. 그러나 그 시기를 겪으면서 우리가 어떤 사람인지에 따라 얻는 게 달라진다는 것을 알게 되었다. 우리 자신을 먼저 변화시키지 않고 결과를 바꾸려고 하는 건 기름도 넣지 않고 자동차를 운전하는 것과 같다. 이렇게 되면 빠르게 어디인지도 모르는 곳에 다다르게 된다. 내 삶이 모르는 곳을 향해 가고 있었다는 건 이미 다른 사람이 알려 주지 않아도 알 수 있는 상황이었다.

다행히 이 책은 어디인지 모르는 곳에 대한 내용이 아니다. 그와 반대로 '어느 곳'에 대한 이야기이다. 건강하고 부유한, 내가 의도했던 행복한 종착역에 다다르는 이야기이다.

이제 나의 우편함은 더 이상 고통의 장소가 아닌 가능성의 장소가 되었다. 청구서 대신 매주 내 계좌로 직접 예치금이 들어왔다는 영수증을 받아 본다. 더 이상 어머니와 함께 그 아파트에서 살지도 않는다. 나는 완전히 다른 삶을 설계했다.

정확히 말하자면 더 높은 삶을 디자인한Higher Life Design 것이다.

차이를 이끌어 준 법칙을 만나다

아파트에서 살던 시절에 만난 친구들은 종종 삶의 전환을 어떻게 일구어 냈느냐고 물어본다. 운이나 기회가 좋아서였는지 궁금해 한다. 믿기 어렵겠지만 운이나 기회는 아무런 상관이 없었다.

실제로 더 높은 삶을 디자인하는 프로세스를 발견한 것이다. 일곱 단계를 통해서 더욱 건강해지고 부유해지며 행복해졌다. 우선 설계를 바꾸면서 결과가 변하게 되었다.

위의 프로세스를 통해 수백만 불의 수입을 올리고 30개국이 넘는 나라에서 30만 명이 넘는 팀을 만들 수 있었다. 그리고 전 세계를 여행하면서 84개월 동안 107번의 휴가를 누렸다. 내가 교육한 팀들은 뉴욕부터 싱가포르, 암스테르담에서 짐바브웨이 사이 전 세계에 분포되어 있다. 또한 영광스럽게도 업계에서 손꼽히는 유명 인사들과 무대에 함께 서게 되었다. 대니 존슨, 브랜든 버처드, 마르시아 위더, 신시아 커시, 로럴 랭마이어, 레스 브라운, 피터 디아맨디스 등이다.

그보다 더 중요한 것은 과테말라에 학교를 만들어 주었다는 것과 척박한 환경에서 살고 있는 이들에게 필요한 구호 지원 프로젝트를 할 수 있게 되었다는 것이다. '자원 봉사 여행Voluntourism'을 통해 단순한 구호 물품 지원이 아니라 앞으로 나아갈 수 있도록 손잡아 당겨 주는 사람이 필요한 이들에게 나의 시간과 역량, 자원을 지원해 줄 수 있게 되었다.

이런 이야기를 그 흐린 댈러스의 어느 날, 어머니의 우편함 앞에 있던 나에게 한다면 스스로도 믿기 어려울 것이다.

이제부터는 더 높은 삶을 디자인하여 열리게 되는 현실에 대한 이야기다. 이제 나는 여러분의 가이드가 되어 삶이 뒤바뀌는 여행을 함께 떠날 것이다. 더 높은 삶을 디자인하는 여행자가 되기 위한 태도, 기술, 실전 연습을 살펴보기로 한다.

여행을 떠나면서 새로운 결과, 새로운 삶, 어쩌면 새로운 종착지에 다다르는 경험을 하게 될지도 모른다.

좀 더 설명하자면 다음과 같다.

- **새로운 결과**: 우선 결과가 좋든 나쁘든 간에 그 결과를 가지고 자신이 상상한 것 이상으로 획기적인 변화를 경험하는 걸 의미한다.
- **새로운 삶**: 7개의 증명된 단계를 통해 더욱 건강해지고 부유해지며 행복해지는 걸 의미한다.
- **새로운 종착지**: 새롭게 설계한 목적지에 도착하는 걸 의미한다.

여기에는 준비해야 할 것이 있다. 이제 우리가 떠날 여행에서 더욱 나은 것을 간절히 열망하는 '소망'이다. 이 책이 간절함의 갈증을 해소하고자 하는 사람들에게 지침이 될 것이라 확신한다.

이륙 — 기대감

더 많이 갈망하라

당신의 영향력은
당신의 식욕과 정비례한다

나는 열심히 일해서 돈을 많이 버는 최고 수준의 부동산 중개인이 되었다. 그러나 삶은 단순히 돈을 버는 것만이 아니다. 행복하고 충만한 삶을 설계하고 창출해 내는 것이다. 제퍼슨은 진정으로 친구처럼 스승처럼 내 삶을 향상시켜 주었다. 제퍼슨 덕분에 더욱 나은 아버지, 남편, 아들, 친구, 섬기는 리더가 되고 싶다는 강한 욕구가 샘솟았다.

- 조 T.

제퍼슨을 만난 지 4년이 지난 지금도 그의 행동에 대해 깊은 감명을 받고 있다. 제퍼슨은 자신을 위한 더욱 높은 삶을 설계했을 뿐 아니라 다른 이들의 삶도 성공을 이룰 수 있도록 돕고 있다.

나는 이미 내 업계에서는 성공을 거두었지만 다른 분야에서도 내 영역을 키워 보고 싶었다. 제퍼슨은 내가 무지에서 벗어나 자기 계발의 힘을 알 수 있도록 도와주었다. 이제는 더욱 높은 삶이 가능하다는 걸 알고 있다.

제퍼슨은 진정한 학생처럼 나와 마찬가지로 자신의 지식을 다른 이들에게 퍼 준다. 그래서 나는 영원히 감사하는 마음이다.

- 토비 L.

"내가 저 차를 맡을게."

친구에게 말했다.

그 친구와 나는 동네에 있는 고급 레스토랑에서 이국적이고 비싼 자동차에 타는 걸 좋아했다. 우리의 취미는 법적으로도 안전했다. 그 여름 우리는 자동차 탈취범이 아닌 대리 주차 일을 했다. 그 당시 고급차를 주차하는 것은 자동차 천국의 단면을 보는 것 같았다. 나는 특히 벤츠 S클래스와 BMW7 시리즈를 좋아했다.

"좋아, 그럼 다음에 오는 좋은 차는 내가 탄다."

내 친구는 받아쳤다.

그의 대답이 끝나자 (가까스로 차지한) 좋은 차가 레스토랑 앞에 있는 내 앞으로 왔다. 차는 막 왁스칠을 했는지 광택을 과시했다. 아무도 내게 다른 말을 못할 정도로 그 차는 내 마음에 쏙 들었다.

차주는 그 어떤 설명도 필요 없었다. 그는 차에 함께 동승한 다른 사람 먼저 문을 열어 주라 했고 자신은 그 다음이었다. 그런 다음 내게 팁을 주었다. 우리는 이런 타입의 운전자를 인사이더Insider라고 부른다. 대리 주차의 에티켓을 아는 사람이다.

요즘은 남자다워지는 비법을 알려 주는 'The Art of Manliness'라는 웹 사이트가 있어서 무지한 매너를 깨치게 도와주기도 한다. 거기서 '바보처럼 보이지 않고 대리 주차를 이용하는 방법'이라는 재미있는 글을 본 적이 있다. 페이스북의 '좋아요' 숫자를 봐도 다른 사람들 역시 도움이 된다고 생각하는 것 같다.

많은 이들은 대리 주차 일을 매우 신비롭게 본다. 생각해 보라. 한 번도 본 적 없는 모르는 사람 앞에 차를 세우고 엔진을 켠 채로 내린다. 대부분 자동차는 두 번째로 소중하게 생각하는 소유물이다. 그러나 이런 상황은 그런 소중한 소유물을 버리는 것과 같다. 더 이상한 것은 자동차를 가져가 달라고 비용까지 내는 것이다.

그렇다. 이상하다. 그러나 일단 운전석에 앉으면 전혀 이상할 것이 없다. 나의 차처럼 편안하게 운전대를 잡으면 모든 오감이 갑자기 작동한다.

페달을 밟으니 엔진의 파워가 느껴졌다.

최신 사운드 시스템을 통해 아드레날린이 확 분출되는 음악을 들었다.

멋있는 자동차 인테리어에 맞는 새 가죽 시트의 냄새를 맡았다.

나와는 완전히 다른 삶을 맛보았다.

나의 현재 처지보다는 미래에 가능한 나의 모습을 보았다.

그 여름 무언가가 내 안에서 바뀌었다. 나의 인식이 증강하였고 큰 질문을 하기 시작했다.

왜 나는 고급 레스토랑에 오는 고객들처럼 살지 못할까? 왜 나는 그들이 가는 곳을 가지 못할까? 왜 나는 그들이 운전하는 차를 타지 못할까? 나는 단지 그들의 성공을 평생 주차장에 주차해 주는 운명일 것인가, 아니면 뭔가 그 이상의 것을 할 것인가?

나는 이미 답을 알았지만 그 당시 내 삶에서 아직 현실로 나타나지는 않았다.

자동차만으로는 나의 꽉 박힌 S-T-U-C-K(무엇에 빠져 움직일 수 없는 상태) 처지에서 나오지 못했다. 그보다 자동차가 대변하는 것은 이랬다.

경제적 자유.

감정적 자유.

개인적 자유.

생전 처음으로 나는 인생의 갈림길을 보았다.

레스토랑 앞에 서서 나의 창의성을 짓누르는 청구서의 무게에 눌려 있는 나를 발견했다. 그러나 럭셔리한 자동차의 운전대를 잡으며 더 높은 삶을 디자인하기 위해 첫 번째 단계로 올라서는 나를 발견했다.

나는 더 많은걸 간절히 갈망하고 있었다.

당신은 갈망하는가?

갈망Hunger은 게르만어의 근원을 둔 고대 영어에서 기인한다. 그 의미는 '강한 열망'이고 죽음이 아닌 삶과 연관되어 있다. 분명한 건 돌아가신 분들은 배고프지 않다는 것이다. 사실 그들은 그 어떤 것도 아니다. 그리고 아무것도 느끼지 않기 때문에 그 어떤 것도 갈망하지 않는다. 결국 그들은 죽었다.

그러나 살아 있는 사람들은 다르다. 우리는 배고픔을 느끼고 그렇기에 우리의 열망을 충족하고 싶어 한다. 우리의 식욕은 우리를 앞으로 나아가도록 민다. 정말 배가 고플 때 뭐라고 말하는지 살펴보자. 우리는 배가 고파 죽겠다고 말한다. 이러한 공복에서 오는 고통은 우리를 아프게 하기 위함이 아니라 우리를 돕기 위함이다. 배고픔의 통증은 배를 만족시키기 위한 것이다. 행동을 취하도록 만드는 것이다.

TV 프로그램 '동물의 왕국'은 배고픔에 대해 강한 교훈을 가르쳐 준다. 늑대의 한 무리가 버펄로를 공격하는 매우 놀라운 장면을 보았던 기억이 난다. 몸집은 자신보다 훨씬 크다. 175파운드보다 좀 가벼운 정도의 늑대와 2,000파운드의 버펄로. 버펄로는 항상 우위를 유지했다.

내레이터는 이 두 짐승들의 대치는 며칠도 지속된다고 설명했다. 그러나 대부분의 늑대들은 굶주린 채로 가만히 있지 않는다. 그들은 행동한다. 배고픔이 그들에게 목표인 '저녁'을 달성하도록 동기 부여를 한다.

여기에 흥미로운 현상이 있다.

늑대는 뒤에서 공격할 때에만 이긴다. 버펄로는 커다란 머리 위에 달려 있는 강력한 뿔을 과시하지만 늑대를 마주보고 있지 않으면 별로 쓸모가 없다. 수많은 늑대가 버펄로와 앞에서 대접전을 벌인 끝에 사망했다(24인치 길이의 뿔이 그렇게 만든다). 늑대는 이것을 알기에 연합하여 버펄로를 위협한다.

이 TV 프로그램에서 버펄로는 무게가 10배 이상 더 나감에도 적을 두려워하며 도망갔다. 버펄로는 도망가기 위해 무리를 흩트리고 바람에 날려 고약하게 쌓인 눈을 뚫으며 전력 질주했다. 수풀을 향해 진격하며 훌륭한 전략을 활용해 늑대가 흩어지도록 했다.

그러나 대장 늑대의 집념은 지속되었다. 그의 배고픔이 더 강했다. 추격에 박차를 가하자 사냥에 성공할 확률도 높아졌다. 먹잇감에 고정하고 단독으로 강한 짐승의 움직임에 제동을 걸었다. 몇 분 후 늑대의 '더 많이 원하는 굶주림'은 (버펄로 고기로 측정한) 커다란 몫을 차지하는 성과를 거두었다.

갈망의 3단계를 활용해 식욕을 충족시킨다

비록 버펄로를 추격하는 늑대는 아닐지라도 비슷한 지점을 여러 곳에서 발견할 수 있을 것이다. 나는 이것을 갈망의 3단계라고 칭한다. 즉 당신의 갈망을 알고 키우며 보여 준다. 자, 이제 하나씩 풀어 보자.

첫 번째 단계: 당신의 갈망을 안다
늑대는 자신의 배고픔과 갈망을 안다. 내면의 욕구는 에너지를 생기게 하고 힘을 넣어 준다. 자원이 보호막 없이 노상에 널려 있지 않다는 걸 안다. 또 늑대는 자신의 배고픔을 채우기 위해 위치를 찾아내고 배분해야 한다.

그와 비슷하게 당신도 자신의 갈망을 느껴야 한다. 무관심은 선택할수 없고 정체도 받아들일 수 없다. 당신의 갈망은 당신의 삶을 책임지도록 준비시키고 추진하게 한다. 당신은 배고픔을 채우기 위해 자원의 위치를 확보하고 활용해야 한다. 이것을 알면 배고픔과 갈망이 행동을 취하도록 유도된다.

두 번째 단계: 당신의 갈망을 키운다

늑대는 자신의 갈망을 키운다. 단순하게 바로 공격하지 않는다. 그리고 전략을 먼저 세운다. 목표 주위를 돌며 경쟁의 규모를 키우고 이에 따라 조절한다. 시간을 들이면서 식욕은 천천히 높아지고 늑대는 이를 꾸준하게 부추기며 용기를 끌어올린다.

이와 비슷하게 당신은 자신의 갈망을 키워야 한다. 적정한 시간과 에너지를 투자하여 시장을 탐구하면 식욕은 서서히 커지게 된다. 최고로 효과적인 방법과 관행을 보면서 용기를 함께 키운다.

세 번째 단계: 당신의 갈망을 보여 준다

늑대는 자신의 배고픔을 보여 준다. 단순히 앉아서 계획만 세우고 있지 않는다. 그 대신에 순간을 포착한다. 집중한 채로 앞에 있는 기회를 충분히 활용한다. 각도가 보이게 되면 늑대는 바로 활용한다. 이는 침착하게 기다리다가 적정한 시기에 바로 진격하는 모습이다.

이와 비슷하게 당신은 자신의 갈망을 보여 주어야 한다. 방관자처럼 앉아서 분석만 하고 있어서는 안 된다. 당신 또한 행동을 취해야 한다. 집중한 채로 목표를 추구하면 그 순간을 최대한 활용할 수 있게 된다. 기회가 드러날 때까지 참을성을 보이다가 내 앞으로 오면 바로 행동한다. 이 순간은 이미 준비해 왔기 때문에 당신을 위한 것이다.

더 높은 삶을 설계하는 여행자에게는 많은 것이 준비되어 있다

더 높은 삶을 디자인하는 여행자는 자신의 갈망이 단순한 신체적인 욕망 이상이라는 걸 안다. 그들의 식욕은 육체의 배고픔보다 크고 그들의 식탐 또한 단순한 신체적 식탐을 뛰어넘는다.

당신은 더 많은 것을 위해 만들어졌다.

더 많은 것이 되기 위해서.
더 많은 것을 하기 위해서.
더 많은 것을 갖기 위해서.
더 많은 것을 주기 위해서.

이는 이기적이어서가 아니라 인간이기 때문이다. 당신은 더욱 풍부하게 표현하고 현재의 인식을 더욱 충만하게 확장하도록 만들어졌다. 이는 모든 사람들이 알고 있다.

육상 선수는 더 빠른 속도를 원한다.
비즈니스는 더 큰 이익을 원한다.
자선 사업은 더 위대한 효과를 원한다.

그 누구도 건강이 나빠지고 가난해지며 불행해지는 것을 원하지 않는다. 더 늘리고 싶어 하는 열망은 당신이 신의 이미지로 창조되었다는 걸 상기시켜 준다. 이런 갈망이 행동을 취하도록 부추긴다. 당신의 영혼을 만족시키기 위해.

그 여름 대리 주차를 하면서 나의 갈망은 단순히 더 멋진 차를 운전하는 게 아니었다. 그 이상으로 더 많은 사람을 도와주는 것이었다. 나는 항상 무언가의 부름이 있다는 걸 느끼고 있었다. 고등학교를 졸업하고 해군사관학교에 들어갈 때 내 가족과 내 국가를 섬기겠다는 분명한 목표를 가지고 있었다. 나는 위대한 영향을 미치고 싶었기 때문에 그만한 힘을 원했다.

내가 배운 것이 있다면 더 많은 것을 달성하는 것은 우연이 아닌 의도한 결과라는 것이다. 당신의 영향력은 당신의 식욕과 비례한다.

당신의 영향을 높이기 위해서는 적절한 '연료'가 필요하다

식욕을 어떻게 더 늘릴 수 있을까? 그렇다고 뷔페를 가는 것이 답은 아니다. 더 많은 걸 이루고자 하다면 다음의 4대 연료 그룹을 정기적으로 소모해야 한다.

연료 하나: 더 많이 보라

더 많은 걸 이루려면 더 많이 보아야 한다.

그 당시 여름, 나는 내 작은 아파트 단지보다 더 많은 걸 보았다. 나는 내 이름이 적힌 청구서가 어머니 집 우편함에 꽂혀 있는 것보다 더 많은 걸 보았다. BMW7 시리즈 운전대를 잡고 도로를 달리는 내 모습을 보았다.

그때까지는 내가 삶을 운전하기보다는 삶이 나를 운전하는 것처럼 느껴졌다. 자신의 잠재력과 단절되면 무기력해지게 된다. 절망감이 들어온다. 이는 처지에 주눅 들어 피할 수 없는 부산물이다.

지난날의 내가 피해자의 의식으로 고통받았다는 것을 이제는 안다. 나는 나쁜 사람은 아니었지만 나의 기지를 인지하지 못했었다. 피해자로 살게 되면 세상이 나에게 일을 만든다고 믿고 또 자신의 삶에 책임감을 잃게 된다.

탓을 하게 되면 당신은 목표를 막는 핑계나 부당함을 들어줄 청중을 만든다. 이런 마음 상태에서 나오는 결과는 놀랍지도 않다. 자신의 잘못이 아니고 다른 사람의 잘못이다. 당신은 자신의 머리에서 나오는 이야기에 동의하는 사람들에게 둘러싸여서 드라마를 만들어 내고 거기서 더욱 충족감을 찾는다.

당신은 자신에 대한 진실을 강화하는 대화를 시작한다.
당신은 자신의 이야기를 동정하며 들어주는 사람들을 모은다.
당신은 부당함을 확인하는 노래를 튼다.
당신은 스스로 해석하는 현실에 색깔과 풍부함을 더해 주는 영화를 본다.

이와 같은 상태에서 세상은 관리 가능하게 보인다. 이상적이지 않을 수는 있지만 적어도 예측과 통제가 가능하다. 피해자로 살면서 다른 사람이나 환경 때문에 자신이 성공하지 못했고 수입이나 운이 없다고 믿는다.

솔직히 말해 어떤 부분에서 우리 모두는 피해자로 살아간다고 생각한다.

행운의 여신을 아시나요?

과거의 나는 운이나 기회 같은 것을 너무 많이 믿었다. 당신은 좋은 의도를 가진 사람들의 말을 믿으며 자라게 된다. 그들은 수년 전 이미 다른 사람들에게 들었던 상투적인 말을 똑같이 해 준다. 운에 대한 상투적인 말은 "네가 뭘 아는지가 아니라 누구를 아는지가 중요한 거야." 와 같은 것이다. 이 말을 믿으면 당신이 겪는 정체기는 알지도 못하는 사람들 때문으로 돌려진다.

진실은 이렇다. 다른 사람은 당신을 믿기 전에 자신이 당신에게 신뢰 받고 있는지를 판단하게 된다. 그것으로 인해 적정한 주파수를 방출하고 적정한 사람들을 끌어들이는 것이다.

운은 별로 상관이 없다

당신은 우연과 기회에 모든 걸 맡기는가? "당신은 적기에 적절한 장소에 있어야 한다."라는 기회에 관한 상투적인 말을 들어 봤을 것이다. 나는 한 번도 '적절한 장소'로 이끌어 주는 지도를 본 적이 없다. 불행하게도 내 GPS 안의 목소리는 그 좌표를 어떻게 찾아야 하는지도 모른다(내가 대리 주차를 하던 시절에 물어봤었다).

오래된 이 상투적인 말은 비논리적인 결론에 다다른다. 어쩌다가 적절한 공간에 가게 되자 위대함을 만나게 되었다. 한 가지 진실은 당신이 인식하지 못하면 적절한 공간이라도 당신을 도와주지 못한다는 것이다. 사실 당신이 그 순간을 위해 준비가 되어 있으면 그 순간도 당신을 위해 준비를 해 줄 것이다. 다시 말해 당신의 준비가 적정한 시간을 만들고 당신을 적정한 장소에 놓이도록 한다는 것이다. 나는 잘못된 장소, 잘못된 시간에 있었으면서 이긴 사람도 알고, 적기에 적절한 장소에 있었는데도 진 사람들을 안다.

우연은 아무런 상관이 없다

과거에는 운이나 우연이 언젠가 나를 찾아올 거라고 생각했다. 그러나 운이나 우연이 두드리는 소리를 들어 본 적이 없다. 가족이나 친구들에게 갔을 수는 있으나 어찌된 연유에서인지 어머니의 아파트는 건너뛰었다. 아마도 내가 그곳에 살았다는 것을 알지 못했을지도 모른다. 나는 정말 그 시절이 기억나지 않았으면 했다.

나는 결국 아파트 우편 번호에 아무리 전력을 다해 집중해도 결과는 달라지지 않는다는 걸 알게 되었다. 산만하게 해서 잊어 보려고 노력하고, 또 진실을 피해 보려 하거나 다른 사람 혹은 환경을 탓해 보아도 현실을 바꿀 수는 없었다. 그래서 그 여름, 나는 불평하기보다 전략을 바꿔 보기로 했다. 4대 연료 그룹을 활용하기 시작했다.

더 많은 걸 이루고 싶었기 때문에 더 많이 보아야 한다는 걸 알았다.

더 많이 본다는 건 다른 친구들과 어울려야 한다는 걸 의미할 수도 있다. 다른 TV 프로그램을 시청하거나 TV 시청을 줄여야 하는 걸 의미할 수도 있다. 환경을 바꾸거나 습관을 바꾸는 걸 의미할 수도 있다. 나에게는 내가 읽는 것, 가는 곳, 누가 들어와 대화하는지 등 내 삶을 다시 설계하는 의미였다.

틀에 갇혀 있는 것과 땅에 끼어 있는 것의 차이는 6피트라는 말이 있다. 그 의미를 알 수 있을 것이다. 정체하게 되면 천천히 죽음을 맞이하게 된다. 그렇다면 어디에 정체되어 있다는 말인가? 더 나은 질문은 정체되지 않은 곳은 어디인가 하는 것이다.

솔직하게 생각해 보자. 우리는 습관의 동물이라 자연스럽게 고통을 피하려고 한다. 또 우리는 친숙하고 예측 가능한 쪽으로 움직인다. 누구나 쉽게 정체될 수 있다.

자신의 '편안한 공간'이 어디인지 찾아보라. 그러면 그 근처에서 발견할 수 있다. 편안한 공간에서 살게 되면 당신은 자신이 만족스럽다고 믿게 된다. 만족하는 상태에 만족하게 된다.

그러나 실제로는 그렇지 않다.

성장하지 않고 자신이 경험해야 하는 삶을 만들어 가지 않으면 당신의 정신Spirit이 동요하게 된다. 당신은 자신이 있는 곳과 불만족스러워하는 곳을 설명한다. 무언가 더 나은 곳을 그리지만 그곳에 어떻게 다다를지에 대해서는 확실하지 않다.

정체되었다는 말은 당신이 성공하지 않았다는 말이 아니다.

더 높은 삶을 디자인하는 여행에서 나는 무수히 정체되었지만 성공한 사람들을 만났다. 성공은 그만의 독특하고 편안한 공간을 만든다. 세상에서 가장 안전을 추구하는 사람에게 물어보라. 그런 사람을 찾기란 쉽다. 그러면 잃을 것만 가지고 있는 사람을 찾아보라. 삶을 '이기기 위해서 참여하는 것'이 아니다. 그는 '지지 않기 위해서 참여하는 것'에 안주한다.

역사는 '성공은 진부화의 시작'이라는 것을 증명한다. 단순하게 GM, K마트, 서킷 시티 등 많은 호가를 누리던 회사들을 보라. 성공 이후 계속해서 눈을 뜨고 있지 않으면 결국 하락의 신호가 온다. 성공으로 많은 개인이나 조직은 안전하고 편안한, 그저 그런 평균 현상을 유지하는 상태가 된다. 그들은 창의적인 혁신을 거듭하기보다는 단순히 과거를 답습한다.

만일 당신이 편안한 공간을 벗어나 더 많은 걸 이루고 싶다면 더 많이 보아야 한다.

연료 둘: 많이 먹어라

더 많은 것을 이루고 싶다면 더 많이 먹어야 한다.

그 여름 나는 무지막지한 호기심을 갖게 되었다. 그 레스토랑의 후원자가 나보다 더 똑똑하거나 잘나지 않았다는 걸 알고 있었다. 그럼에도 나를 비껴갔던 무언가를 그들은 발견했다는 걸 깨달았다. 그들은 나와 같은 나라에 살고 있었고 같은 공기를 마시고 있었지만 나와는 완전히 다른 결과를 이루었다. 좀 의아해 흥미를 갖기 시작했고, 질문을 하면서 어느 정도 시간이 지난 후에 그들의 비밀을 발견했다.

그들은 나보다 더 많이 먹고 있었다.

내가 속한 업계에서 주로 회자되는, 간단하지만 놀라운 문구가 있다. "당신의 수입은 자신의 성장을 따른다."는 것이다. 처음 이 말을 들었을 때 조금 의심스러웠다.

'내가 나한테 더 많이 투자하게 되면 돈을 더 많이 벌게 된다고?'

그 뒤의 과학을 이해하지 못하면 너무 바보같이 들린다. 이 원리를 당신의 집에 적용해 보자. 그리고 잘 풀리는지 보자.

당신의 오래된 주방을 다시 수리하는 데 3만 불을 투자한다고 상상해 보자. 설계하고 만들고 설치하는 모든 과정을 혼자서 다한다는 가정하에 이 프로젝트가 매우 훌륭하게 끝난다고도 상상해 보자. 당신이 집을 팔려고 내놓았을 때 그 팔려는 가격에 수리 비용을 포함시키지 않겠는가? (이는 까다로운 질문은 아니다.)

당신이 요구하는 가격에 당신이 들인 시간, 능력, 비용을 반영하겠는가? 만일 매입자가 당신이 지불한 비용보다 2만 불을 적게 부른다면, 심지어 수리 전보다 적은 가격이라면 당신은 만족하겠는가? (다시 말하지만 이는 절대 까다로운 질문은 아니다.)

물론 당신의 판매가는 더 높아질 것이다. 더욱 많은 투자를 하였기 때문에 더 높은 가격을 기대하게 된다.

나는 이와 같은 자기 성장 원칙이 매일 재연되는 걸 보았다. 비록 학교 정규 과정에서 매우 뛰어나진 않았지만 나는 항상 수입에 대해 건강한 관심을 보였다. 그러나 무지에 갇혀 있는 줄도 몰랐고, 그 여름까지 나는 그 연관 관계를 알지 못했다.

내가 일했던 고급 레스토랑에는 매우 긴밀하게 연결된 커뮤니티가 형성되어 있었다. 그곳에 오는 고객들은 성공했음에도 불구하고 자신의 성장을 위한 투자를 게을리하지 않았다. 그들이 선택하는 내용은 서로 달랐지만 모두 비슷한 효과를 보고 있었다. 컨퍼런스, 세미나, 책, 코칭 등 고객들은 모든 것을 다 소비하고 있었다. 그들의 수입은 개인 성장의 등급을 따라갔다.

오늘날 나는 이런 원리가 작동한다는 것을 보여 주는 산증인이다. 가치를 더욱 추가하면 할수록 나 자신은 더욱 가치 있게 만들어졌다.

많은 사람들은 다른 사람들이 자신에게 투자하기를 기다린다. 그러면서 슬프게도 자기 자신에게 투자하기를 꺼린다. 한번 생각해 보라.

누가 그런 그들에게 투자를 하겠는가? 이들은 소유물에는 돈 쓰기를 주저하지 않지만 자신의 성장을 위해서는 투자하기를 머뭇거린다. 이는 낮은 자기 이미지를 직접적으로 반영한다고 볼 수 있다.

그 이유는 여기에 있다.

사람들은 그 가치를 직접 보기 전까지는 투자하지 않는다. 사람들이 자신에게 투자를 거부하게 되면 그들은 자신의 가치에 대해 시끄러울 정도로 공개적인 발표를 한다. 그런데 그들 자신조차 자신의 가치를 보지 못하는데 어떻게 다른 사람들이 그들에게서 무엇을 사고 싶어 하겠는가? 그들은 무의식적으로 다른 사람들에게 이렇게 말한다. "나한테 사지 마세요. 나한테는 투자할 가치가 없어요."라고. 이러한 자기 파괴적인 사이클은 슬프지만 이런 경우를 매우 자주 본다.

오늘날 내가 정기적으로 자기 성장에 수십 만 불을 투자한다는 걸 알면 청중은 매우 놀라워한다. 작년에만 해도 나는 십만 불 이상을 투자했다. 이 금액을 듣고 놀랄 수 있겠지만 내 수입이 백만 불 이상 된다는 걸 알게 되면 달라질 것이다.

모든 건 보는 관점에 달려 있다. 높은 레벨에서 활동하고 싶다면 나는 나보다 더욱 멀리, 그리고 빨리 나아가는 사람들과 함께 해야 한다.

앞으로 나올 챕터에서 우리는 이 진실을 뒷받침하는 과학적 근거에 대해 좀 더 자세히 살펴보게 될 것이다. 우선 당분간은 양질의 콘텐츠를 지속적으로 소비하라. 왜냐하면 더 많은 걸 이루려면 더 많이 먹어야 하기 때문이다.

연료 셋: 더 많이 선언하라

더 많은 것을 가지려면 더 많이 선언해야 한다.

"우리 가족은 재정적으로 저주받았어."

최근 우리 팀원이 이런 말을 하는 것을 들었다. 그녀가 이 말을 했을 때 나는 자리에서 벌떡 일어날 뻔했다.

"방금 뭐라고 했어요?"

그녀의 말을 잘못 이해하지 않기 위해서 물었다.

뭔가 잘못 걸렸다는 느낌 때문인지 그녀는 일단 자기가 한 말을 변호했다. 그러나 조금 잘 구슬리니 이내 이야기를 풀어냈다. 그녀는 자신의 조부모에 대해 이야기했다. 그들이 생계를 유지하는 데 얼마나 어려웠었는지를 설명해 주었다. 자애로운 두 명의 훌륭한 분들은 무일푼의 가난을 물려주셨다. 그리고 이와 같은 패턴은 그녀의 부모님에게도 그대로 전해졌다.

그녀의 말에 의하면 그들은 할 수 있는 최대한 노력을 다했다. 그녀는 부모님이 온화하고 사랑을 많이 주는 분들이라는 걸 설명했지만, 환영할 수 없는 청구서의 압박과 그녀의 어린 시절 내내 쫓아다녔던 가난에 대해서도 강조했다. '충분히 가지고 있지 않은' 스트레스가 결국 힘겨웠다.

그녀는 이야기를 마치면서 귀를 먹먹하게 할 정도의 선언을 하였다.

"보세요. 말했다시피 우리 가족은 경제적으로 저주받았어요."

그녀의 말을 듣고 나는 무의식적인 마음을 바꿀 수 있도록 다시 질문했다.

"아이가 있나요?"

진심으로 궁금해서 물었다.

"네."라고 대답하며, 그녀는 "예쁜 두 아이가 있어요."라고 덧붙였다.

"그 아이들이 경제적으로 저주받기를 원하세요?"라고 묻자 "물론 아니지요." 하고 그녀가 바로 대답했다.

"그렇다면 왜 이러한 현실을 그 아이들에게 선언하세요?"라고 되물었다.

"그게 무슨 말이죠?"

"제 말은 왜 이런 과거의 현실을 미래의 결과에 대고 말하느냐는 겁니다. 말은 정말 강력해요. 목소리로 내는 선언은 우리가 특정한 결과를 받을 수 있도록 준비시키고 그 위치로 놓아 줘요. 나는 선언이 씨앗과 같은 기능을 해서 나중에 잘 익은 과일이 된다고 믿어요. 만일 그 과일이 미래에 열리지 않길 원한다면 그 씨앗을 당신의 현실에 심으면 안 돼요."

말을 마쳤을 때 그녀의 눈이 밝아진 걸 보았다. 희망이 생겼다. 부모님이나 조부모님이 심은 씨앗 외에 다른 씨앗을 심을 힘이 있다는 것을 그녀는 알게 된 것 같았다.

단순히 안 좋은 씨앗을 제거하는 것만으로는 충분하지 않다. 당신은 그 씨앗을 훨씬 좋은 것으로 대체해야 한다. 그래서 나는 그녀에게 내가 좋아하는 책에서 따온 선언의 한 문장을 주었다.

'내가 그대에게 생각해 둔 계획이 있기에' 주님이 말씀하시길 그 계획은 그대를 해하는 것이 아니고 그대를 번성하게 하는, 그대에게 희망과 미래를 주는 계획이므로

그녀는 이 새로운 문장을 그녀 자신과 가족에게 선언하기 시작했다.

몇 달 후 그녀와 딸들은 새로운 현실을 수확하게 되었다. 좋은 씨앗으로 그녀의 어린 시절과는 현격히 다른 초기 경작을 할 수 있었다. 이 미묘한 변화가 그녀의 인식을 확장시켰다. 이를 통해 잠재력을 누르고 있었던 저주에서 벗어난 자신을 볼 수 있게 되었다.

사전을 찾아보면 이 단어가 가지는 엄청난 무게를 이해하게 될 것이다.

선언Decree

1. (법원의) 명령

2. 법령

3. 정부의 칙령, 포고

4. 법원의 판결

5. 천명, 천의

나는 걸어 다니는 사전이 아니다. 내 팀원의 그 저주를 들었을 때 단어의 의미가 다섯 개나 되는 줄도 몰랐다. 'Decree'라는 단어에 힘이 있다는 것은 알았지만 그 정도인 줄은 몰랐었다. 다음에 선언을 하게 될 때 이 정의를 생각해 보라.

당신은 자신의 말에 권위를 불어넣는다. 당신은 그 말을 절실히 느끼고 깊게 박히도록 한다. 당신은 자신의 현실을 내면화하면서 결과를 심는다.

당신이 주장하는 말에 신중하라

이 팀원은 본인이 바라지도 않는 치명적인 결과에 대해 법적인 조약을 맺었다. 자신이 원하지도 않았던 것을 주장했다. 논리적으로 말이 되지 않는다고 생각하겠지만 우리는 늘 이렇게 말하고 산다. 무슨 의미인지 두 가지 예를 들어 보겠다.

헤로인 중독자에게 자유롭고 싶은지 물었다. 거의 대부분은 아마도 "네."라고 답할 것이다. 그런 후 그녀가 끊을 수 있도록 계획을 짜 주려 하면 그녀는 그 방법이 효과가 없다는 것을 전제로 주장을 하게 된다.

- 잘 모르실 텐데요. 제 모든 친구들이 다 헤로인 중독이에요.
- 잘 모르실 텐데요. 그거 없이는 하루도 못 버텨요.
- 잘 모르실 텐데요. 딜러가 옆집에 살아요.
- 잘 모르실 텐데요. 전 그게 필요해요.

헤로인이 얼마나 막강한지 들어 봤을 것이다. 반면 끊을 수만 있다면 무엇이든 다 주겠다는 말도 들어 봤을 것이다. 그들의 말하는 최상의 의도에도 불구하고 많은 중독자들은 시작도 하기 전에 포기한다. 그들은 자신들이 원하지 않는 걸 위해 변호하고 주장한다.

모든 사람들이 헤로인에 대해 공감할 수 없기에 조금 더 보편적인 예를 들겠다. 바로 돈이다.

당신의 연 수입을 상상해 본다. 정확한 숫자를 모르면 근사치 정도를 추측하면 된다. 자, 이제 그 금액이 당신의 월수입이 된다고 상상해 보자. 그러한 현실을 바라는가?

대부분의 사람들은 그렇게 되길 원한다. 그러나 그들에게 이 목표를 이루기 위해 계획을 세우라고 말하면 대부분은 왜 그것이 불가능한지 주장하게 된다.

- 잘 모르실 텐데요. 저는 관련 학위도 없고 훈련을 받지도 않았고 기술도 없어요.
- 잘 모르실 텐데요. 제 상황은 달라요.
- 잘 모르실 텐데요. 저희 동네는 아주 작아요.
- 잘 모르실 텐데요. 전 할 수 없어요.

위의 두 가지 상황(헤로인과 돈의 예)에서 매우 중요한 포인트가 다시 강조된다. 당신이 원하는 걸 얻는 게 아니다. 당신이 주장하는 걸 얻게 되는 것이다.

선언은 원하는 갈망보다 더 힘이 세다. 당신이 자신에 대해서 하는 말(즉 선언)이 당신이 무엇을 원하는지(즉 갈망)보다 더 크게 작용한다. 현재의 삶이 아닌 당신이 원하는 미래의 삶과 법적 합의를 이루어야 그 미래를 성취할 수 있다.

간단히 말해서 더 많은 것을 가지려면 더 많이 선언해야 하는 것이다.

연료 넷: 더 많이 자유로워라

더 많은 것을 이루려면 더 많이 자유로워져야 한다.

"하루 24시간보다 시간이 더 있었으면 좋겠어요. 정신이 없어서 힘들어요."

이런 말을 들어 본 적이 있는가? 이런 말을 해 본 적이 있는가? 적어도 이런 느낌을 겪어 본 적은 누구나 있을 것이다.

그러나 이런 식의 논리로는 당신의 문제를 해결하지 못한다. 시간이 더 많이 생겼다면 당신은 더 많은 활동들로 새롭게 생긴 시간을 채우게 된다. 당신의 중요한 모든 목표를 달성하지는 못한다. 문제는 시간이 부족한 게 아니다. 결정이 부족한 것이다.

그러면 아마 이제부터 인터넷 검색을 하지 말고 TV나 잡지도 보지 말자는 생각을 할 수도 있다. 숨을 편하게 쉬어 본다. 그렇지 않다. 그건 부차적인 것이다. 앞으로 언급하는 것이 주가 된다.

앞에 나열한 활동이 주요 문제가 아니다. 이들은 단지 당신이 의도적으로 실제 이슈를 직접 인식하지 못하게 주의를 뺏는 행위일 뿐이다.

대부분의 사람들과 일주일만 생활해 보면 그들이 많은 시간을 불필요한 주제, 관계, 활동, 생각으로 사용한다는 걸 관찰하게 된다. 이러한 경향은 당신의 창조성을 어수선하게 하고 당신의 더 높은 삶을 디자인하는 데 발목을 잡는다. 우리 대부분은 삶에 있어 원하지 않는 잡동사니가 많아도 다른 대안(즉 죽이는 것)을 즐기지 못하기에 그대로 용인한다. '결정하다Decide'의 뜻을 살펴보면 내가 말한 '죽이다Killing'라는 것이 어떤 의미인지 설명될 것이다. 영어 'Decide'는 자른다는 의미인 라틴어의 'Decidere'에서 왔다. 이와 유사한 'Caedere'의 의미는 '자르는' 혹은 '죽이는'이다.

'Decide'와 비슷한 모든 영어 단어를 생각해 보자. 여기 몇 가지 예가 있다.

- 살해Homicide
- 살충제Insecticide
- 대학살Genocide
- 농약Pesticide
- 자살Suicide

위의 단어들은 모두 같은 라틴어인 'Caedere'에서 기원한다. 그러므로 당신이 결정하는 건 말 그대로 '당신의 옵션을 죽이는' 것이다. 다른 가능성을 자르고 기타 추가적·정신적 공간을 자유롭게 해 주게 된다. 결정은 정리되지 않는 정신의 어수선함을 청소해 주는 미스터 클린이다.

그렇다면 즉시 결정을 내리지 못하는 것일까? 미스터 클린을 경멸해서?

전혀 그렇지 않다.

희한하게도 당신은 어떤 결정을 내리면 어떤 종류의 손실을 겪게 된다. 결정을 회피하게 되면 손실이 느껴지는 것을 예방할 수 있게 된다. 그러나 그렇게 하면서 간과하는 것은 결정을 내리지 않는 것도 실제로는 또 다른 결정이라는 것이다. 다시는 똑같은 순간에 같은 기회가 오지 않는다. 결정하지 않기로 선택함으로써 실제로 현재 자신의 상태에 바로 머물기로 결정하게 된다.

『상식 밖의 경제학』의 저자 댄 에일리는 "선택 가능한 옵션의 문을 닫으면 손실을 경험하게 되기에 사람들은 손실의 감정을 회피하기 위해 그 대가를 치른다."며 미결정의 심리 상태를 설명한다. 결정에 소요되는 비용이 있다. 그러나 결정하지 않는 데 소요되는 비용 또한 있다.

그 여름 대리 주차를 할 때 나는 강한 원리를 깨달았다. 성공한 사람들은 빨리 결정을 내리고 재차 번복하지 않는다. 성공하지 못한 사람들은 느리게 결정하고 종종 다시 번복한다.

정신의 교통 체증을 해소하라

운과 기회에 대해 근거 없는 믿음을 선물해 준 사람들이 기억나는가? 불행하게도 이들은 당신이 느리게 무뎌지도록 또 다른 선물을 주기도 했다. 또 그들은 당신에게 다른 선택 옵션도 열어 두라고 가르쳤다. 이렇게 되면 여러 많은 결정이 내려지지 않은 채 방치된다. 우리는 더 많은 정보가 쌓이고 더 많은 자원이 확보될 때까지 혹은 더욱 분명해질 때까지 결정을 미루도록 합리화한다. 그렇게 되면 대부분은 그 결정을 기한 없이 미루게 된다는 것이 진실이다.

어쨌든 결정하고 싶지 않기 때문에 결과는 환경이나 사람 혹은 삶이 대신 결정해 줄 때까지 기다리게 된다. 이 논리로는 무관심과 그저 그런 평범함만 키우게 된다.

전문가가 누가 되었든 그들이 활동에 대해서 같은 말을 하고 있음을 알 수 있다. 많은 일을 다 잘하는 건 불가능하다. 결정을 미루게 되면 다루지 않은 이슈들이 정신적 공간을 차지하도록 허용하게 된다(테크쪽 사람의 경우 멘탈 RAM이라고 보면 된다).

너무 많은 곳에 집중을 하려 하면 자기 두뇌의 공간이 한정적이라는 진실을 부인하게 된다. 활동적인 기억 공간을 수십 개의 내려지지 않은 결정들로 채우면 의식과 무의식은 막히게 된다. 그렇게 되면 긍정적인 창조성도 방해된다.

이 정신적 교통 체증은 자신을 한정하는 말로 나타난다.

- 너무 압도되네요.
- 소진됐어요.
- 카페인이 필요해요.

- 도저히 집중을 할 수가 없어요.

- 연료가 거의 바닥났어요.

- 너무 스트레스를 받아서 일을 할 수가 없어요.

이와 같은 말들은 엔진을 체크하라는 경고등과 같이 우리에게 내부 성능 이슈를 경고해 준다. 나오는 출력을 늘리기 위해서는 자신의 정신적 RAM의 수요를 줄여야 한다. 이는 의사 결정을 하여 공간을 자유롭게 해야만 가능하다.

스콧 M. 페이는 그의 책 『Discover Your Sweet Spot』에서 이 원리를 설명한다. "현재의 활동을 죽이는 게 편해지기 전에 우리는 절대 새로운 시작을 효과적으로 할 수 없다. 오래된 것을 죽임으로써 우리는 무언가 새로운 것을 위해 필요한 공간을 찾게 된다."라고.

먼저 죽이고 다음에 채운다.

당신은 어떤 결정을 회피하고 있는가? 그 결정을 얼마나 오랫동안 회피하고 있었는가? 결정을 내림으로써 정신적 공간을 어느 정도 자유롭게 했는가?

비록 결정은 고통을 동반할 수 있으나 이를 회피하면 그 고통만 길어질 뿐이다. 통증은 피할 수 없다. 그러나 오랜 고통은 선택이다.

더 많은 것을 이루려면 더 많이 자유로워져야 한다.

정신적 RAM을 포함하여.

짐을 쌀 준비를 하라

여행이 끝나려면 아직 멀었다. 이제 막 시작했다. 우리는 여전히 이
륙 단계에서 많은 선택을 앞두고 있다. 다음 장에서는 더 높은 삶을 디
자인하는 여행자들이 어떻게 짐을 싸는지를 살펴보겠다.

대리 주차에서 국제적인 기업가로 전환할 때 나는 짐을 잘못 쌀 뻔했
다. 그것으로 인해 나는 더 높은 삶을 디자인하는 나의 비행을 방해받
을 뻔했다. 공중으로 부양하기도 전에 다시 땅에 갇힐 뻔했다.

여러분과 같이 나도 내가 원하는 짐을 가지고 떠날 권한이 있다. 그
러나 기억할 점은 결국 짐을 잘못 쌀 경우 비용이 훨씬 많이 들게 된다
는 것이다. 나는 이 점을 먼저 배웠다.

짐 싸는 과정을 돕기 위해 지금부터는 체크 리스트를 사용하겠다.
따라서 각 챕터가 끝나 갈 때 더 높은 삶을 디자인하는 여행가의 체크
리스트 일부를 제공할 것이다. 30만 명이 넘는 나의 팀 리더들과 일을
하면서 그 체크 리스트가 원리를 더욱 깊게 인식할 수 있도록 도와준
다는 걸 알게 되었다.

당신이 더욱 많은 것을 갈망하기 위해서는 이 리스트가 유용하리라
생각된다.

☐ 무관심은 선택 사항이 아니다. 정체는 수용할 수 없다는 걸 깨달았다.

☐ 나는 내 삶에 책임을 지기 때문에 나를 새로운 방향으로 움직이게 할 수 있다.

☐ 적정한 시간과 에너지를 투자하여 시장을 탐구하면 더 많은 것을 원하는 갈망이 증가한다.

☐ 도착지로 가기 위한 최상의 관행과 가장 효과적인 방법을 공부한다.

☐ 적정한 행동을 취해서 내 삶의 관망자가 되지 않는다.

☐ 그 순간을 위해 준비하기에 그 순간도 나를 위해서 준비된다.

☐ 편안한 나만의 공간을 벗어나기 위해서 더 많이 본다.

☐ 나를 성장하도록 도와주는 콘텐츠를 소비하며 더 많이 먹는다.

☐ 내 미래를 위해 오직 좋은 씨앗만을 심어 나의 과거가 더 이상 나를 막지 못하도록 더 많이 선언한다.

☐ 오래 미뤄둔 결정을 통해 정신적 공간(RAM)을 더 많이 자유롭게 한다.

짐을 싸라

바른 짐 싸기를 위해
불필요한 짐을 제거한다

제퍼슨을 만났을 때 나는 내 일에서 정체기를 맞고 있었다. 비록 과거에 성공을 했었지만 여전히 무언가가 나를 막고 있다는 걸 깨달았다. 제퍼슨과 함께 일하면서 과거의 어떤 것이 나를 막고 있었었는지 발견하게 되었고 오래된 사고방식을 변화시킬 수 있었다. 또 명확한 목표를 세울 수 있는 전략을 배워 새로운 장벽을 깼다. 요즈음 지속적으로 더 높은 삶을 디자인하고 있는 내 모습을 발견할 수 있다.

– 에이프릴 C.

제퍼슨은 다른 사람들이 성공할 수 있도록 도움을 주는 열정 가득한 진짜 리더다. 기업가로서 나는 여러 번 후퇴를 경험했고 과거에 갇혀 있는 나를 발견하기도 했다. 제퍼슨은 나를 다른 사람과 비교하지 않도록 이해시켜 주었다. 그의 삶은 어디서 시작했는지보다 어디서 끝나는지가 중요하다는 것을 보여 준다. 과거를 던져 버리도록 도와주고 더욱 크고 멋진 미래에 집중할 수 있도록 해 준 제퍼슨에게 고맙다. 나는 내가 받을 상에 주목하며 더 높은 삶을 디자인하고 있다.

– 맥스 K.

더 높은 삶을 디자인하는 비행기에 탑승하기 전에 당신의 목록을 확인하고 기내 반입 목록도 고려해야만 한다.

서로 솔직해져 보자. 우리 대부분은 너무 오랫동안 불필요한 가방에 집착했고 삶에 불필요한 짐을 만들었다. 서로에게 도움이 되지 않는 관계, 수익이 나지 않는 습관, 악한 불평들, 씁쓸한 질투심, 조절할 수 없는 중독, 용서하지 못하는 마음은 여정에 무게만 더 실을 뿐이다. 당신이 의도하는 목적지에 건강하고 행복하게 다다르기 위해서는 불필요한 짐을 잘 분별하여 과감하게 정리할 수 있어야 한다.

비행기는 가방을 공짜로 실어 주지 않는다. 가방마다 비용이 발생한다. 어떤 가방은 여행에 필요하고 어떤 것은 지상에 남아야 한다.

짐을 제대로 싸려면 불필요한 짐을 제거해야 한다.

초보자들은 짐을 쌀 때 별 생각 없이 가방 속을 물건들로 채운다. 그들의 별 생각 없는 의도는 장기적으로 봤을 때 비용이 많이 든다. 불필요한 모든 아이템은 무게만 나가게 하고 추가적인 노력을 요구한다.

더 높은 삶을 디자인하는 여행자는 끝을 생각하며 짐을 싼다. 그들은 불필요한 짐과 여행용 짐의 차이를 이해한다. 하나는 당신이 원하지 않는 것이고 다른 하나는 당신이 원하는 것이다.

불필요한 짐은 당신의 여정에 방해만 된다.

불필요한 짐 Baggage
1. 앙금, 오래 묵은 신념
2. 부담스러운 관행, 규제, 아이디어
3. 자유를 방해하는 것들, 장애물

여행용 짐은 당신의 여정을 도와준다.

여행용 짐 Luggage
1. 여행에 필요한 개인 용품

왜 불필요한 짐을 버려야 하는지 그 이유를 이제 설명하겠다.

불필요한 짐은 당신이 상상하는 것 이상으로 비용을 요구한다

불필요한 짐은 당신의 성공을 파괴한다. 당신을 무겁게 하고 당신과 당신의 궁극적인 목표 사이에 공간을 만든다. 많은 경우 이를 알지 못한 채 들고 다닌다. 내가 그랬었다. 과거 아파트에서 살던 시절, 나는 많은 생각과 행동이 나를 막도록 허용했다.

이런 현상을 'B·A·G·G·A·G·E'라는 머리글자로 설명하겠다. 그 의미를 살펴보고 자신의 삶을 되돌아보기 바란다. 지금 불필요한 짐을 들고 다니지는 않는가?

B=탓Blame

A=거만Arrogance

G=욕심Greed

G=원한이나 유감Grudges

A=무관심Apathy

G=불평Grumbling

E=선망Envy

B=탓Blame

탓은 자신의 책임을 다른 사람과 환경으로 돌린다. 탓을 하는 당신은 자신의 힘을 내려놓고 무지를 알리게 된다. 자신이 세상에 무언가를 일으키기보다는 당신의 의지와 상관없이 일어나는 일이 세상이라고 바라보게 된다. 응답해 주는 태도보다는 반응하는 상태가 된다.

이 낮은 단계의 의식은 유아기 때 시작된다. 어린아이들은 자신의 잘못된 선택이 다른 사람 때문이라고 탓한다.

"쟤가 하라고 시켰어요."

"쟤가 먼저 쳤어요."

"이건 네 잘못이야."

대부분의 아이들은 자신을 피해자로 보기 때문에 자연스럽게 탓이 나온다. 책임을 지지 않게 되면 자신을 봐 주게 되고 이어서 행동 또한 수정하지 않아도 되기 때문이다. 우리 모두는 어린아이부터 시작하였지만 많은 사람들이 (수십 년이 지나도) 계속 이 상태에 머물러 있다.

6살 난 아이가 숙제를 가져오지 못한 이유를 "키우는 개가 먹이로 알고 먹었다."고 할 때는 웃게 된다. 그러나 36살 난 어른이 자신의 프로젝트를 끝내지 못하고는 "컴퓨터 백업이 안 되었다."고 탓을 하면 별로 웃기지 않다.

더 높은 삶을 디자인하는 여행가는 그들의 여행에 누군가의 '탓'을 짐으로 싸지 않는다.

A=거만Arrogance

거만한 사람들에게 무언가 새로운 걸 가르치는 건 거의 불가능하다. 그들은 이미 모든 걸 안다. 구글에 '거만한 운동선수'를 검색하면 재미있는 결과가 나온다. 세레나 윌리엄스가 뜨기는 하는데 거의 대부분 남자들이 상위 자리를 차지한다.

내가 좋아하는 책에서는 '오만은 추락하기 바로 직전에 온다.'라고 경고한다. 그러나 거만한 운동선수들은 이와 같은 지혜를 받아들이지 않는다. 이들 가운데 많은 사람들이 어느 순간 도덕적으로 물의를 일으키게 된다.

아무도 불안하거나 두려움이 많은 리더를 따르고 싶어 하지 않는다. 때문에 더 높은 삶을 디자인하는 여행가는 짐 속에 '높은 수준의 자신감'을 함께 싼다. 여기서 자신감과 거만함에는 분명한 차이가 있다.

알렌 골드버그 박사는 이 둘의 차이를 잘 알고 있다. 그는 1999년 NCAA 남자 전미 농구 챔피언과 2000년 NCAA 남자 전미 축구 챔피언의 스포츠 심리 컨설턴트였다. 골드버그 박사는 다음과 같이 말했다.

"대부분의 위대한 운동선수들은 자신이 최고라고 생각한다. 이러한 내면의 자신감은 실제적으로 스포츠를 할 때 궁극적인 성공에 있어 필수 요소다. 그러나 다른 사람들에게 자신이 최고라고 말하고 다니는 것은 성공의 필수 요소가 되지 않는다. 혐오스럽고 역겨운 행동은 이와 같은 내면의 태도를 가지고 돌아다니는 것이다. 대접받을 만하고, 잘난 척하고, 신의 선물로 만들어졌다는 듯이 행동하면 주변 사람들과 소원해지고 형편없는 스포츠인처럼 보여 결국에는 실패를 맛보게 된다."

과거 UFC 챔피언인 엔더슨 실바는 2013년 7월 6일 거만함으로 쓴맛을 보았다. 불필요한 비아냥으로 잘 알려져 있는 그였기에 UFC 162에도 예외는 아니었다. 거만함이 그에게 치명타를 입혔고 기록에도 영구적인 오명을 남겼다.

실바는 자신감을 가질 만한 이유가 있었다. 전 챔피언으로 UFC 미들급 부분에서 7년을 지배했었다. 그러나 시간이 지나면서 그의 17번 연속 우승 전적은 천천히 거만함으로 전환되었다.

여름날 밤, 그는 전형적인 실바 스타일로 비아냥거리며 도전자 크리스 위드만을 자극해 결투를 했다. 챔피언 실바가 두 번째 라운드에서 자신의 손을 일찍 아래로 내리자 위드만이 재빠른 왼쪽 잽을 날려 MMA 스타를 매트로 쓰러뜨렸다. 위드만은 몇 번 더 주먹을 갈겨 심판이 경기를 중단하도록 했다. 그리고 무술을 결합한 기법으로 새로운 미들급 챔피언의 자리를 차지하며 모두를 놀라게 하였다.

그날 밤 거만은 실바에게 KO패를 안겨 주었다. 그가 자신을 겸손하게 낮추었더라면 다시 회복하고 재건하여 복귀할 수 있었을 것이다. 그러나 계속해서 거만함을 가지고 싸운다면 또 다른 KO패를 피할 수 없다.

비록 완벽하지는 않지만 더 높은 삶을 디자인하는 여행가는 그들의 여정에 거만함을 함께 싸지 않는다. 그들에게는 자신감을 넣을 자리만 있을 뿐이다.

G=욕심Greed

동기 부여 전문 연설가 지그 지글러는 "돈은 전부가 아니지만 산소가 있는 곳으로 바로 올라가도록 해 준다."고 했다. 좀 우습게 들리겠지만 어떤 부분에선 그가 하는 말이 맞다. 삶을 지속하기 위해서는 자원이 필요하다.

더 높은 삶을 디자인하는 여행가는 돈을 있어야 할 곳에 유지시킨다. 그들은 돈을 단순한 도구로 보고 그 이상도 그 이하도 아니라고 생각한다. 돈으로 죽은 사람을 다시 살릴 수 있다거나 더 오래 살 수 있는 것도 아니다. 돈으로 안 좋은 기억을 지울 수도 없고 기쁨을 만들어 낼수도 없다. 돈은 단지 옵션을 제공할 뿐이다.

건강한 사람들은 돈을 사용하고 사람을 사랑한다. 건강하지 않은 사람들은 돈을 사랑하고 사람을 이용한다. 돈이 우리의 동기 부여가 될 때 불필요한 짐이 된다.

나는 돈을 즐기고 더 높은 삶을 디자인하여 정말 멋진 삶을 만들었다. 나는 가족들과 전 세계를 여행하는 것을 너무 좋아한다. 멋진 친구들과 함께 이국적인 곳으로도 가 보게 된다. 모나코 해안에서 아내 메건과 헬리콥터를 타면서 흥분했으며 유카탄 반도에서는 집 라인Zip line을 타면서 경관을 만끽했다.

전 세계를 돌면서 집에 있는 순간들도 좋아한다. 최근 마당 수영장에 폭포와 야외 주방, 그리고 야외 화덕을 설치했다. 우리는 소박한 등근 돌과 판석을 깐 천국 같은 라군Lagoon에서 쉬는 걸 좋아한다.

비록 살기 위해 돈이 필요하지만 돈이 사는 데 전부는 아니다. 수많은 사람들이 자원을 쌓아 놓고 그 자원을 어떻게 사용할지 생각해 보지 않는다. 욕심은 함께 짊어지고 싶지 않은 마음의 느낌이다. 이는 당신이 필요하거나 누릴 말한 정도보다 훨씬 넘어선 갈망이다.

내가 좋아하는 작가 가운데 존 맥스웰은 매우 넉넉한 사람으로 "신은 당신을 통해 흘러갈 무언가조차 당신에게 주고자 한다."라며 자원에 대해 적절한 관점을 제시해 준다. 맥스웰은 우리에게 저수지가 되지 말고 흐르는 강이 되라고 알려 준다. 우리가 넉넉한 인심을 접을 때 동시에 욕심을 불러들인다. 주는 것을 중단하면 성장도 중단된다.

더 높은 삶을 디자인하는 여행가는 다른 이들보다 더 홀가분하다. 왜냐하면 그들은 자신의 자원을 다른 사람들과 나누기 때문이다. 나는 내 삶을 다른 사람들에게 되돌려 주고자 하는 마음을 중심으로 회사를 설계했다. 우리는 세상에서 무언가 다른 변화를 만들어 보자고 마음먹었다.

우리는 기부 재단과 전 세계 주요 파트너 조직을 통해 깨끗한 물, 문화 교류를 통한 이해, 개발도상국에 기업가 정신을 키우려는 노력 등을 지원한다.

단순하게 돈만 제공하는 데 그치지는 않는다. 자원 봉사 여행(사회적인 목적을 가진 그룹 휴가)이라 부르는 운동을 개척했다. 수년간 여러 다른 자원 봉사 여행을 통해 아프리카, 남미, 아시아의 외진 곳에서 가장 취약한 계층인 아이들을 돕는 일을 계획하고 참여했다. 더 높은 삶을 디자인하는 여행가는 그들의 여정에 욕심을 짐으로 싸지 않는다.

G=원한이나 유감Grudges

쉽게 자신을 짓누르는 방법은 불평, 불만을 함께 가져오는 것이다. 존 레논은 현명하게 경고했다. "화, 분노, 상처를 쥐고 있으면 근육만 딱딱해질 뿐이다. 용서는 당신의 삶에 가벼움을 선사한다."라고.

나는 삶의 여정에서 여러 번 원한으로 생각을 꽉 채울 뻔했다. 다른 사람과 마찬가지로 관계가 깨어지고 배신감을 느끼기도 했다. 아주 쉽게 여기에 집중할 뻔했다. 별로 할 일이 없을 때에는 이런 아픔에 매달려서 앞으로 나아가지 못하도록 구실을 만든다.

많은 경우에는 화가 날 만하다. 기분이 상하고 학대나 냉대를 당할 수 있다. 그러나 씁쓸한 마음과 불만으로 마음속을 채우면 가장 고통스럽게 되는 사람은 당신 자신이다. 대부분 가해자는 정신적으로 잊고 넘어가지만 피해자는 수십 년 동안 매일 상처를 새롭게 되새기며 살게 된다.

자유로움을 원하면 원할수록 심리학자들이 말하는 외상의 속박으로 원망하는 마음이 나타난다. 작가 캐서린 폰더는 "분노를 가지고 있으면 분노의 대상이 되는 사람이나 조건에 감정적인 연결로 묶이게 되는데 이는 철보다 더 강하다. 용서만이 그 연결을 녹이고 자유롭게 해 줄 뿐이다."라고 했다. 또 작가 루이스 스미드는 "용서는 죄인을 자유롭게 하는 것이고 그 죄인이 바로 당신이었다는 것을 발견하는 것이다."라고 했다.

용서는 잊는다는 걸 의미하지는 않는다. 단지 당신이 어떻게 느끼는지와 다르게 당신이 하는 선택이다.

라벤스브뤼크 난민 수용소의 생존자 코리 텐 붐만큼 공감하는 사람도 없을 것이다. 네덜란드 출신인 그녀와 그녀의 자매 벳시는 나치 점령 당시 유태인을 숨겨 주었다는 명목으로 체포되었다. 벳시는 수용소에서 숨졌고 코리는 살아남았다.

코리는 전쟁이 끝난 몇 년 후 공공장소에서 과거 나치의 가드를 만났다. 당시 가드도 과거 그녀의 수용소 시절을 알고 있었다. 자신의 행동에 깊은 가책을 느낀 그는 그녀에게 사과했다. 그는 그녀 앞에 서서 손을 내밀어 그녀가 화해로 맞잡아 주기를 원했다.

그녀에게는 선택권이 있었다. 용서를 할 것인가, 원한을 담고 갈 것인가?

그 순간 분명 그녀는 용서할 마음이 생기지 않았다. 그리고 시간이 지난 후 그 상황의 진실에 대해 심사숙고해 보았다.

"전쟁 종식 후 잔혹한 나치의 피해자들에게 네덜란드의 집을 제공했었습니다. 그들 가운데 과거 적을 용서할 수 있었던 사람들은 외부 세상으로 돌아가 신체적 상처와 상관없이 삶을 재건할 수 있었죠. 그러나 쓰디쓴 감정을 계속 키우는 사람들은 불가능한 상태로 남았습니다. 그만큼 무섭도록 간단명료했어요."

용서하지 않으면 지불하게 될 비용을 알게 되면서 코리는 용서하고 자신의 원한을 풀어 보냈다. 그녀가 마음속으로 결정한 후에야 비로소 가드에게 한 말의 해소를 반영할 수 있었다.

"나는 당신을 용서한다며 진심으로 울었어요. 그리고 오랫동안 서로의 손을 잡았어요, 과거의 가드와 죄수로. 그때만큼 신의 사랑을 강하게 알게 된 적이 없었어요."

코리는 가볍게 여행하는 비밀을 발견했다. 이는 용서로부터 시작되었다. 용서하지 못하면 삶은 끊임없는 분노와 복수의 사이클로 돌아간다.

더 높은 삶을 디자인하는 여행가는 그들의 여정에 원망하는 마음을 짐으로 싸지 않는다.

A=무관심Apathy

1980년대 초에서 2000년대 초 사이에 태어난 세대를 지칭하는 밀레니얼Millennials은 불행하게도 종종 부당한 비난을 받게 된다. 전문가들은 그들을 과거 세대와 비교하며 비평한다. 그들은 일부에서 '잃어버린 세대'로 불리고 또 어떤 이들에게는 '무관심한 세대'로 불린다.

그러나 전형적인 타입에도 예외는 있다. (밀레니얼 중에서 혹은 다른 세대에서) 고정된 틀을 깨는 사람들은 무관심하지도 않고 길을 잃지도 않는다. 그들은 자신이 누구인지 알고 왜 여기에 있는지도 안다. 그들은 불필요한 짐이 아닌 필요한 짐을 짊어진다.

그들은 이유를 알고, 길과 의지, 날개를 발견했기에 다르다. 이 명확한 의미가 무엇인지 설명해 보겠다.

그들이 발견한 점	그 의미
그들의 '이유'	그들은 목표가 있다
그들의 '길'	그들은 길이 있다
그들의 '의지'	그들은 훈련을 한다
그들의 '날개'	그들은 용기가 있다

더 높은 삶을 디자인하는 여행가는 외부의 동기가 필요하지 않다. 그 대신 그들은 내면의 영감에 접촉한다. 항상 어려움이 따르기 마련이지만 그들의 강한 '이유'가 수많은 방법을 발견할 수 있도록 해 준다. 구실을 찾기 전에 그들의 창의성이 해결책을 찾을 수 있게 도와준다. 이와 같은 '길'이 그들의 '이유'를 실행하도록 하는 방법이 된다.

자신의 '의지'로 마침내 상황이 어려워지면 그들은 훈련을 하게 된다. 항상 어려움이 따르기 마련이지만 그들은 자신의 '이유'를 향해 끊임없이 전진해 나가는 용기가 있다. 용기는 정신을 고양시켜 날아갈 수 있는 '날개'가 된다.

무관심한 사람들은 삶이 알아서 해 줄 때까지 기다리지만 더 높은 삶을 디자인하는 여행가는 삶이 일어나도록 만든다. 그들은 여정에 무관심을 함께 짊어지고 가지 않는다.

G=불평Grumbling

사람들이 이렇게 말하는 것을 들어 본 적이 있을 것이다.

- 여기 느낌이 오싹해.
- 누가 날 쳐다보는 거 같아.
- 저 사람 느낌이 정말 안 좋아.
- 저기만 가면 참 편해.

각각의 의견은 강력한 원리인 주파수를 반영한다.

주위에 살아 있는 모든 존재는 주파수를 보낸다. 그렇기 때문에 어떤 것에는 끌리고 다른 어떤 것에는 혐오감을 느낀다. 당신의 주파수와 그들의 주파수가 조화롭게 어울리거나 불협화음으로 깨지기도 한다. 때문에 어떤 장소는 편안함을 주고 또 다른 장소는 불편하게 된다.

다른 원리들처럼 이 원리도 잘못 적용되거나 그 의미를 잘못 이해하기가 쉽다. 그러나 이 원리는 당신에게 불리하기보다는 유리하게 작용할 수 있다.

다른 사람이 자신에 대해 어떻게 생각하는지 조절할 수는 없으나 당신이 자신을 보여 주는 방식은 조절할 수 있다. 여기에는 당신의 태도도 포함된다.

불평은 사람들을 쫓아내는 매우 안 좋은 주파수를 보낸다. 누군가가 불평하는 공공장소에 가면 일상적인 시나리오가 펼쳐지는 걸 관찰하게 된다. 좋지 않은 주파수는 전체 분위기를 좌우한다. 사람들은 불평하는 사람을 어떻게 해야 할지 모른다. 눈을 마주치려 하지 않고 난

처한 상황에서 피해 있으려고 한다.

불평의 동의어를 한번 훑어보자.

복통. 투덜거림. 푸념. 꺽꺽거림. 화. 야단법석. 불만. 칭얼대는. 으르렁대는. 성격이 나쁜. 신음하는. 투덜거리는. 잔소리. 괴롭힘. 비명. 고함. 울부짖는. 훌쩍이는. 징징거리는.

위의 단어를 읽어 보고 어떤 느낌인지 말해 보자. 내가 추측하건대 좋은 기분이거나 긍정적인 느낌은 없을 것이다.

불평에 많이 노출될수록 스트레스 호르몬으로 알려진 코르티솔이 건강을 위협하는 수치로 나온다는 연구 결과가 있다. 코르티솔은 스트레스를 받는 동안 혈류로 분비된다. 싸우거나 도망갈 때 나오는 적은 양은 다음과 같은 강력한 효과가 있다.

- 생존을 위한 빠른 에너지의 분출
- 고도의 기억 기능
- 높아진 면역 기능의 분출
- 통증 민감도 저하

그러나 높은 수치의 코르티솔이 장기적으로 분비될 경우 건강에 치명적인 영향을 주며 여러 가지 좋지 않은 결과를 야기할 수 있다.

- 인지적 활동 장애

- 갑상선 기능 억제
- 고혈당증과 같은 혈당 불균형
- 골밀도 감소
- 근육 조직 감소
- 고혈압
- 면역 기능 저하 및 염증성 반응의 둔화
- 상처 회복 둔화
- 복부 비만 증가

복부 비만 증가와 관련된 건강상 이상으로는 심장 마비, 뇌졸중, 신진 대사 장애와 함께 '나쁜 콜레스테롤LDL'의 높은 수치와 '좋은 콜레스테롤HDL'의 낮은 수치를 들 수 있다. 이런 상태는 다른 건강 문제로 이어질 수 있다.

지금 현재 당신은 주파수를 보내고 있고 그 주파수가 긍정적인지 부정적인지는 당신의 선택에 달려 있다. 당신의 주파수는 상상하는 것 이상으로 더 넓게 멀리 투사된다. 이러한 연유로 더 높은 삶을 디자인하는 여행가는 그들의 여정에 불평을 함께 짊어지고 가지 않는다.

E=선망Envy

당신이 다른 사람이었으면 하는 마음은 신이 당신을 만든 목적을 무산시키는 것이다. 선망은 당신의 마음가짐을 풍요로움(높은 주파수 중의 하나)에서 부족함(낮은 주파수 중의 하나)으로 전환시킨다. 부족한 마음일 경우 이미 가지고 있는 것보다 부족한 것들을 목록으로 나열하게 된다. 공헌하기보다는 소비하게 된다. 이 둘의 차이를 발견하기 바란다.

풍요로움	부족함
늘 더 많이	절대로 충분하지 않음
자원을 나눔	자원을 묶어 둠
쉽게 신뢰	쉽게 의심
경쟁을 초대	경쟁을 경멸
초과 달성	실적 부진
긍정적인 태도	부정적인 태도
큰 사상가	작은 사상가
타인에 대한 감사	타인을 비판
위험을 감수	위험을 회피
사람들을 축복	사람들을 시기

부러움과 선망은 당신과 당신의 잠재력에 독을 뿌린다. 이는 만족하지 못하는 느낌과 분노가 타인이 가진 소유물, 자질에 대한 갈망에 자극되어 야기된 것이다.

선망은 당신의 초점을 다른 사람의 소유물과 지위, 그리고 비치는 모습에 맞추게 한다. 이런 치명적인 감정은 당신의 삶을 향상시키는 것을 방해하는데, 그것은 당신이 너무 다른 사람의 것에 집중해 있기 때문이다.

랄프 왈도 에머슨은 "당신의 주의가 가는 곳으로 당신의 에너지가 흐른다."라고 말한 바 있다. 이것은 다른 사람의 업적에 초점을 맞추느라 당신이 가진 최고의 에너지를 낭비하지 말라는 의미다. 그렇게 되면 당신의 것을 망치게 될 뿐이다.

소셜 미디어도 도움이 되지 않는다. 당신이 조심하지 않으면 당신이 선망하는 대상은 전화기, 컴퓨터, 태블릿으로 계속해서 전송된다.

이러한 불필요한 짐인 'B·A·G·G·A·G·E'를 없애는 유일한 방법은 그 대신 필요한 짐인 'L·U·G·G·A·G·E'를 싸는 것이다.

필요한 짐Luggage은 당신이 원하는 것이다. 이유는 다음과 같다.

필요한 짐은 놀랄 만한 배당금을 지불한다

불필요한 짐Baggage과 달리 필요한 짐Luggage에는 성공이 함께한다. 필요한 짐은 당신과 당신의 궁극적인 목표의 간극을 줄이도록 준비시킨다. 미처 생각지도 못한 채 우리는 불필요한 짐을 싸지만 필요한 짐는 의도적으로 함께한다.

필요한 짐은 생산적인 생각과 행동을 통해 당신을 앞으로 나아가게 한다. 이런 현상을 'L·U·G·G·A·G·E'로 설명하겠다. 그 의미를 확인한 뒤 당신이 어떤 짐을 가지고 다니는지 개인 목록을 확인해 보길 권한다.

L=애정 어린Loving
U=해방된Unleashed
G=배짱 있는Gutsy

G=관대한Generous

A=활동적인Active

G=성장Growing

E=열정적인Enthusiastic

L=애정 어린Loving

더 높은 삶을 디자인하는 여행가는 많은 사랑을 품고 여행을 떠난다.

나의 멘토 중 한 사람인 브랜든 버처드는 죽을 뻔했던 일화를 통해 사랑의 중요성과 가치를 설명한다.

잡지 《포브스》에 게재된 브랜든의 이야기는 강렬하다. 그는 "19살 시절, 어둡고 습한 카리브 밤의 자동차 사고에서 가까스로 목숨을 건졌다. 뒤틀리고 찌그러진 자동차 보닛 위에서 피 흘리며 죽음과 직면하고 있을 때 생사의 기로에서 '내가 살았나? 내가 사랑했나? 내가 중요했나?'라고 묻고 있음을 발견했다."고 했다.

여덟 자리 수입을 버는 이 사람과 오랜 시간을 함께 해 보니 사랑의 메시지로 살고 있다는 것을 진정으로 알 수 있었다. 그는 자신의 열정을 그의 일과 사랑에 스며들도록 했다. 브랜든은 자신을 사랑하는 것으로부터 시작해서 외부까지 밝게 비추었다. 그의 메시지는 매우 강력하여 사람들도 실제로 느낄 수 있다.

《포브스》에 기고하는 작가 캐시 카프리노는 "브랜든과 이야기해 보면 그에게는 무언가가 있다는 걸 알게 된다. 그는 다른 사람과 다른 급으로 '진동'을 한다. 그리고 이것은 마치 그가 저항하는 메시지를 전달

하는 것처럼 느껴진다."고 했다.

비록 사랑은 중요한 메시지이지만 종종 잘못 이해된다. 그 혼동은 우리가 그 단어를 사용하는 방식에서 시작된다. '사랑'은 수많은 상황에서 많은 의미를 가질 수 있다. 예를 들어 다음과 같은 말을 할 수 있다.

- 나는 대학 축구를 사랑해.
- 나는 비행기를 사랑해.
- 나는 부인과 아들을 사랑해.

물론 나는 대학 축구보다 내 아내와 아들을 훨씬 사랑한다. 그러나 여러 다른 의미 외에도 다양한 방식의 사랑이 있다. 조건적인 사랑과 무조건적인 사랑의 차이를 이해하면 그 혼동을 해소하는 데 도움이 된다.

조건적인 사랑

이런 종류의 사랑은 주는 사람의 의식적·무의식적 조건에 의해 '얻어지는' 사랑이다. 참여 대상은 그 사랑을 유지하기 위해 명시되었거나 명시되지 않은 행동 또는 태도를 보여 주어야 한다. 참여 대상이 그 의무를 다하지 못할 경우 사랑이 거두어지거나 그 관계에서 사랑이 없어진다.

무조건적인 사랑

이러한 종류의 사랑은 업무의 수행 여부나 행동에 관계없이 자유롭게 제공되는 사랑이다. 이러한 경우 참여 대상은 사랑을 유지하기 위해 명시되거나 명시되지 않은 행동 또는 태도를 보여 줄 필요가 없다. 참여 대상이 그 기대에 미치지 못하더라도 사랑이 거두어지거나 관계에서 없어지지 않는다.

더 높은 삶을 디자인하는 여행가는 그들의 관계에서 무조건적인 사랑을 표현하고 담는다.

몇 년 전 사랑을 보는 관점을 느낌에서 행동으로 바꾸자는 취지에서 다양한 작가, 예술가, 디자이너, 음악가들이 참여해 콘텐츠를 만들었다. 많은 사람들이 '사랑은 동사다.'라고 부르는 비공식적인 운동은 근거 없는 믿음을 척결하는 데 도움을 주었다. 진정한 사랑은 감정을 넘어서야 하고 행동으로 그 자체가 표현되어야 한다. 다른 형태의 짐은 싸지 않기를 바란다.

U=해방된Unleashed

더 높은 삶을 디자인하는 여행가는 진실되기를 선택한다. 이것만이 그들이 아는 날아가는 법이다. 이렇게 해방된 사람들은 드물기 때문에 매우 신선하다. 사실상 대부분의 사람들은 해방되지 않았다. 전문가에 따르면 70%의 사람들은 가면증후군Imposter Syndrome으로 고생하고 있다. 그들은 자신을 잘 알지 못한다고 느낀다. 또 자신이 가짜이고 사기라고 여긴다. 그들의 두려움을 다음과 같이 표현한다.

- 나는 가짜야.
- 탄로 나고 말거야.
- 그들이 실수를 했어. 나는 여기에 있으면 안 돼.

달리 말해 이 증후군을 앓고 있는 사람들은 그들이 자신을 바라보는 것과 다른 사람이 그들을 바라보는 데에 차이가 있다고 믿는다. 물론 다른 사람들은 그들을 외부에서 일정한 방식으로 보겠지만 그들 자신은 내면에서 그렇게 느끼지 못한다. 이 차이에 고정되어 자신이 가짜이고 사기라고 여긴다. 시간이 지나면 결국 발각될 거라고 믿으며 자신들이 맞다고 이미 생각하는 것(자신들이 가면을 쓴 사기꾼이라는 것)을 세상이 알아차리게 될 것이라 예상한다.

배우도 여기서 자유롭지 않다. 토론토 스타에 기고된 제목 '가면증후군: 가면 뒤의 모습'에서 마이크 마이어, 케이트 윈슬렛, 미셸 파이퍼, 조디 포스터 등의 연예인들은 자신이 가면을 쓴 사람처럼 느껴진다고 인정했다. 누리꾼들에 의해 곧 발각될 것 같다고도 했다. '60minutes'라는 프로그램의 마이크 월레스와의 인터뷰에서 조디 포스터는 아카데미 여우주연상을 수상하게 된다는 공지를 받고 "이는 요행이라고 생각했다."고 했다. 또 "내가 예일대학 캠퍼스를 걸을 때와 똑같았다. 다른 사람들이 알게 될 것이고 그들이 오스카상을 다시 빼앗아 갈 것이라고 생각했다. 우리 집으로 와서는 그 상을 메릴 스트립에게 줄 것 같았다."라는 말도 했다.

자격이 안 된다는 느낌에 집중하게 되면 해방된 삶을 살 수 없어진다. 물론 때로는 우리 모두 부족하다고 느껴지지만 더 높은 삶을 디자인하는 여행가는 이 느낌을 넘어서는 차이가 있다. 그들은 비난하는 자를 직면하고 그들의 악령을 해치운다. 이런 용기를 통해 그들은 자신의 최고 버전으로 거듭난다. 진정성 있는 버전으로 해방되면 그들은 자유롭고 강해진다.

G=배짱 있는Gutsy

플라톤은 이렇게 말했다.

"친절해라. 당신이 만나는 모든 사람은 힘든 싸움을 치루고 있기 때문이다."

높은 삶을 디자인하는 여행가는 이 전쟁을 인식하고 도망가기보다 전쟁을 향해 달려간다. 다른 사람들이 지지 않기 위해서 임하는 반면 이 여행가들은 이기기 위해 싸움에 임한다. 여기에는 큰 차이가 있다.

대부분의 사람들은 위험을 싫어한다. 그들은 실패할 수 있는 가능성을 보면 고립되거나 격리되는 것으로 반응한다. 안전하고 작게 가는 데 안주한다. 영화 언어로 말하자면 그들은 '매트릭스'에 의해 주의가 분산되고 '샤이어'에서 편안해한다.

배짱 있는 사람들은 반대다. 그들은 대담하고 결연에 차 있으며 용기가 있다. 그렇다고 무모하지도 않다. 이러한 여행자들은 잠재적인 위험을 이해할 뿐 아니라 잠재적인 보상도 알고 있다. 이런 차이는 두려움 대신 연료를 만든다.

이렇게 배짱 있게 사는 삶은 이야기, 영화, 전설에 영감을 일으킨다. 블록버스터 영화 '브레이브하트'와 조금 덜 알려진 영화 '프리덤 라이터스'에 잘 담겨져 있다. 위의 영화에서 주인공은 어려움을 향한 사람들의 흔한 생각에도 불구하고 그것에 맞설 것을 선택한다. 줄거리의 요약은 다음과 같다.

브레이브하트
주인공: 윌리암 월레스 경

1995년 아카데미상을 수상한 '브레이브하트'는 스코틀랜드의 독립 전쟁 중 주요 리더가 된 지주에 대한 역사적인 실화를 바탕으로 제작된 영화다. 월레스(멜 깁슨 분)는 글라스고우 근처 로브로스톤에서 붙잡혀 영국의 왕 에드워드 1세에게 넘겨졌다. 에드워드 왕은 월레스를 반역과 영국 시민에 대한 범죄라는 죄명으로 교수형에 처하고 몸을 4등분 했다.

그의 죽음 이후 월레스는 타향에서도 상징적인 인사가 되었다. 그는 15세기 서사시의 주인공이다. '윌리엄 월레스 경의 행동과 업적, 엘더슬리의 귀족'이란 표현으로 월러스는 월터 스콧과 제인 포터의 작품에 주인공이기도 했다.

프리덤 라이터스
주인공: 에린 그루웰

에린 그루웰 선생님의 『*The Freedom Writers Diaries*』의 책에 기반을 둔 이 영화는 롱비치 캘리포니아의 이스트사이드에 있는 우드로우 윌슨 클래시컬 고등학교의 100명이 넘는 학생들이 글을 쓰며 자신을 바꾸고 주변 세상을 바꾼다는 이야기다.

이 학생들은 주변 사람들로부터 관심 받지 못하며 선생님들조차 "이 아이들을 성공적으로 이끌 수 없다."고 조롱했다. 그럼에도 불구하고 그루웰(힐러리 스웽크 분)은 싸워 보지도 않고 그들을 내려놓지 않겠다고 마음먹었다. 그루웰은 안네 프랑크와 즐라타 필리포빅의 글을 가지고 학생들과 영문학 공부를 했다. 더욱 중요한 것은 그 같은 어려운 시절에도 자애와 수용을 알도록 가르쳤다는 것이다. 이로 인해 학생들에게는 희망이 생겼고 혼자가 아니기에 어려움에서 처한 역경을 극복할 수 있다고 믿게 되었다.

대부분이 행동하기를 주저하고 망설이고 있을 때 월레스와 그루웰은 위험을 무릅쓰고 행동했다. 승리의 가능성은 적었지만 그들은 실패를 감수할 수 있을 만큼 동기를 부여했다. 그들은 자신들에게 베팅을 하였고 능력을 믿었으며 주변 사람들에게 영감을 불러일으켰다. 비록 비용은 컸지만 그들의 배짱 있는 행동은 업적을 남겼고 삶을 바꾸었다.

더 높은 삶을 디자인하는 여행가는 그들의 여정에 배짱을 두둑하게 챙겨서 다닌다.

G=관대한Generous

1997년 텍사스 크리스천 대학교 3학년 재학 시절에 웨인 뉴전트를 만났다. 친구 제임스에게는 여자 친구가 있었는데 그분이 웨인의 여자 친구를 알았다. 우리보다 연상이었고 웨인은 많은 부분에서 우리가 보고 닮고 싶은 사람이었다. 28살에 이미 백만장자였으며, 그의 삶은 내가 알고 있던 대리 주차의 삶과 매우 달랐다. 웨인은 무언가 위대한 일을 할 것 같은 느낌이 들었다. 대부분의 사람들은 운이나 어떤 기회가 나타나 주길 바라지만 웨인은 동물 같은 본능으로 성공을 찾아갔다. 그리고 몇 년 안에 그는 여러 조직을 거느리고 10만 명이 넘는 영업 인력으로 1억 불의 수익을 거두었다.

나는 웨인의 관대함에 직·간접적으로 혜택을 받았다. 내가 크게 생각하는 역량을 가질 수 있도록 도움을 얻었다. 책이나 신념, 행동을 생각해 볼 수 있게 여러 자료도 제시해 주었다.

책

웨인은 리더가 되기 위해서 독서광이 돼야 한다고 가르쳐 주었다. 대리 주차를 하던 시절, 자기 계발과 수입의 연관 관계를 보지 못했다. 작가 제임스 알렌이 설명하기를 "나는 내가 처한 환경이 좋아지기를 바라는 마음에 안달이 났지만 내 자신을 바꾸려 하지는 않았다. 그래서 결국 그 자리에 머물게 되었다."고 했다.

책은 내가 빈곤의 상태에서 부유한 상태로 전환할 수 있도록 하는 주요 열쇠 중 하나였다. 나는 직접 만나 보지 못했던 멘토들에게 진심으로 고맙다. 일부 작가들은 수십 년 전에 이미 유명을 달리 하셨지만 그들의 말에 남아 있는 의미에도 감사드린다.

나는 천천히 변화하기 시작했다. 내 자신의 이미지가 진화했고 처음으로 나 스스로에게 투자할 가치가 있는 사람이라는 것을 알기 시작했다. 나에게 가치를 더해 갈수록 나는 더욱 가치 있어졌다.

신념

처음 나는 사업을 어떻게 만들어 가야 하는지 이해할 수 없었다. 내 결과가 이를 잘 입증한다. 나는 내가 이기면 되는 것인 줄 알았다. 초기에는 내 수입에 더 집중하고 사람에는 소홀했다. 나는 전단지를 돌리고 그들이 나를 위해 일해 주길 기대했다. 대충 눈치 챘겠지만 그렇게 해서 한 푼도 벌지 못했다.

웨인은 다른 사람들이 이길 수 있게 도와주면 진정한 성공이 온다는 걸 보여 주었다. 나는 1인 기업가로 시작했지만 곧 부를 축적하는 건 팀 스포츠라는 것을 알게 되었다. 웨인은 내 마음과 동기에 대해 물었다.

그의 관대한 멘토링은 천천히 내 신념을 바꾸었다.

대학 때 미식축구를 하던 시절을 생각해 보았다. 스타 선수가 주목을 받긴 하지만 팀이 하나로 뭉쳐서 함께일 때 비로소 장기적인 성공을 누릴 수 있었다. 지속적인 승리는 끈끈한 동기애와 강한 협력의 결과로 얻어진다.

행동

웨인은 나에게 투자할 필요가 없었다. 초창기의 나는 아무것도 모르는 야심에 찬 어린애였다. 무지했지만 한 가지만은 확실했다. 웨인이 지속적으로 내게 관심을 가져 줄수록 그에 대한 보답을 해 주어야 한다는 것이었다. 나는 그의 삶에 가치를 더 부여해야 했다.

그렇게 일을 했다. 내 행동을 바꾸었다. 나는 웨인이 잠재 고객을 만날 수 있도록 주선했다. 『정상에서 만납시다』의 저자, 지그 지글러의 조언을 마음 깊이 새겼다. 웨인이 원하는 것을 얻을 수 있도록 도왔고 그도 내가 원하는 걸 얻을 수 있도록 도와주었다.

나는 몇 푼 안 되는 돈으로 내 성장을 위해 재투자를 했다. 한 번은 그 돈으로 타이어를 갈아야 했었는데도 세미나에 참석했다. 사업을 더 잘하고 싶었다. 타이어가 구멍 날까 봐 길의 맨 끝을 이용해 운전했다. 그때의 희생으로 성공을 위한 길에 놓이게 되었다.

웨인의 예를 보면 알 수 있듯이 더 높은 삶을 디자인하는 여행가는 그들의 여정에 넉넉한 인심을 두둑이 챙겨 간다.

A=활동적인Active

삶은 한곳에서만 생활하기에는 너무 짧다. 더 높은 삶을 디자인하는 여행가는 활동적이며 건강도 잘 관리한다. 섬기려는 마음이 위대하기에 자신을 잘 보살피려는 마음도 그만큼 위대해져야 한다. 사랑으로 충만한 가슴이 멀리 가려면 콜레스테롤이 꽉 찬 부실한 심장으로 불가능하다.

제임스 루스 박사는 "사람들이 자신의 최고 상태를 유지하지 못하는 한 가지 걸림돌이 있다."고 했다. 사람들은 삶에서 다른 부분보다 건강을 안일하게 생각한다. 건강을 가장 중심에 놓고 관리하지 않기 때문에 계속 유지하지 못한다.

논리적으로 건강을 중요한 초점으로 삼을 때 말 그대로 다른 분야에서 하는 일의 수준이 높아진다. 더 강하게 리드하고 더 신나게 웃는다. 그리고 더 오래 사랑한다. 건강은 총체적이다. 신체적인 몸의 건강은 정신적인, 감정적인, 영적인 건강을 도와준다.

오래전 나는 건강이 단순한 연장이라고 생각했다. 자신의 리더십, 훈련, 결과에 대해 원하는 만큼 충분히 말할 수 있었다. 그러나 내가 하는 말을 내 삶에서 구현하지 못한다면 설득력이 별로 없을 것이다. 내 몸이 비만이라면 내가 하는 말은 그다지 영향력이 없을 테니까.

내가 하는 말과 행동이 일치되어야 내 말의 메시지와 동기가 더욱 의미 있어진다. 오디오와 비디오가 서로 일치해야 한다. 이러한 연유로 계속 중심을 잡고 갈 수 있는 간단한 전략을 만들었다. 'Act up 시스템'이라고 부른다.

Act up 시스템

1. 생각한다Think up
2. 움직인다Get up
3. 포기한다Give up
4. 채운다Fill up
5. 쉰다Rest up

위의 단계를 하나씩 살펴보도록 하겠다.

1. 더 많은 이유를 생각하라

먼저 '왜'를 찾지 못한 채 '어떻게'의 목록을 작성할 수는 없다. 독일 철학자 프리드리히 니체가 관찰한 바로는 "왜 살아야 하는지 이유가 있는 사람은 그 어떤 방법도 다 견딜 수 있다."고 했다.

당신의 행동을 바꾸기 전, 우선 태도를 제대로 해야 한다. 왜 몸과 정신의 건강이 도움이 되는지 이유를 먼저 적는다. '왜'의 몇 가지 예는 다음과 같다.

- 왜냐하면 숨 가쁘지 않게 계단을 올라가고 싶으니까.

- 왜냐하면 딸의 결혼식장에 손을 잡고 입장하고 싶으니까.
- 왜냐하면 손자들과 오래 함께하고 싶으니까.
- 왜냐하면 더욱 자신감을 느끼고 싶으니까.
- 왜냐하면 동창회에 참석하고 싶으니까.

어떤 대답이든 '왜'의 이유는 분명할 필요가 있다. 커다란 '왜'는 승리의 기회다.

2. 더 많이 움직여라

현대 생활은 움직임이 적다. 100년 전까지만 해도 움직이지 않는다면 살아남을 수가 없었다. 농경 사회에서 움직임은 먹는다는 걸 의미했다. 산업 사회에서 움직임은 돈을 받는다는 의미였다. 홈 오피스, 에스컬레이터, 엘리베이터, 대중교통 등 오늘날 사회에서 움직임은 거의 선택이다.

건강을 회복하기 위해서는 자주 움직여야 한다. 모든 행동에 의미가 있다. 45분에서 60분마다 휴식을 취하도록 권한다. 일어나서 걸어라. 제자리 스트레칭도 좋다. 몸과 두뇌가 다시 리셋 된다. 스크린을 바라보며 몇 시간씩 보내는 것은 집중과 건강에도 좋지 않다(실제로 더욱 나빠진다). 하루 종일 앉아서 하는 일보다는 서서 하는 업무로 전환하는 것도 고려해 볼 만하다.

정기적으로 운동을 하도록 한다. 일주일에 3~5번씩 하는 것이 좋다. 사람마다 다르기에 각자에게 편한 레벨에서 쉽지만은 않은 운동을 해 보도록 한다. 최근에는 집 근처에 있는 헬스 센터에 가서 운동을 한다. 물론 힘들다. 그러나 운동을 하게 되면 하루 종일 생생하게 생활할 수 있는 활력이 생긴다.

수십 년 전 피트니스 전문가들이 한계치를 최고로 끌어올리는 것을 목표로 삼았었다. 그러나 자연에서 배운 것은 올라가는 건 반드시 내려온다는 사실이었다. 한계치를 최고로 끌어올리는 건 지속 가능하지 않아서 생각도 달라졌다.

오늘날의 목표는 '높은 성과'다. 의도를 가지고 노력하여 지속 가능하며 고조된 에너지 레벨을 유지하는 것이다. 일주일에 한 시간씩 두 가지 시리즈의 유산소 운동을 하여 폐를 열어 주고 스태미나도 키운다. 또한 근력 강화 운동을 하여 유연성을 유지하면서 힘을 기른다.

3. 포기하는 훈련을 더욱 열심히 하라

몸과 정신의 건강은 당신이 무엇을 소비하는지에 대한 것만 아니라 당신이 무엇을 피하는가에 관한 것이기도 하다. 몸은 효과적인 기능을 하기 위해 적정한 연료가 필요하다. 더 높은 삶을 디자인하는 여행가는 단순히 열량만을 높이는 탄수화물 위주와 인스턴트 음식을 절제한다. 이 책이 다이어트 책은 아니지만 피해야 할 음식을 말하자면 다음과 같다.

- 건강하지 않은 화학적 과당

- 단 음료, 술, 과도한 카페인(저자는 녹차를 선호)
- 정제된 음식, 인스턴트 음식
- 전분(감자, 감자칩, 파스타 등)과 그 외의 고 탄수화물 음식
- 세 가지 백색 가루: 흰 소금(비 정제 혹은 켈트 해 천일염 권장), 정백당, 정제 밀가루(특히 흰 빵, 크로와상, 머핀)

하루아침에 유명해지는 다이어트 방법이 있다. 예를 들어 연예인 전문 트레이너 트레이시 앤더슨이 소개한 '베이비 푸드 다이어트'다. 다른 방법으로 시간이 가면서 천천히 알려지는 것도 있다. 마크 시손의 '프라이멀 라이프 스타일'과 비슷한 로렌 코데인 박사의 '팔레오 다이어트'다.

어떤 음식을 먹든 먼저 충분히 알아보길 바란다. 단순히 유명하다고 따라가지 말고 그 결과를 잘 알아봐야 한다. 한 방법을 한 달 내지는 몇 달간 지속해 보고 느낌이 어떤지 확인한 뒤 그대로 더 할 것인지, 무언가 변형할 것인지, 다른 걸 시도해 볼 것인지를 결정하도록 한다.

무엇을 피해야 하는지 알게 되면 포기하는 행동을 취할 수 있다. 당신의 노력은 그만큼 가치 있을 것이다.

짐 론이 제일 잘 표현했다.

"둘 중 하나는 고통을 겪어야 한다. 노력하는 고통, 혹은 후회하는 고통. 노력이 온스의 무게라면 후회의 무게는 톤이다."

4. 지능을 위해 필요한 것을 더 많이 채워라

어떤 경우 좋은 것도 더 많이 하면 해가 될 수 있다. 지능의 향상을 위해 물과 적절한 음식을 선택해야 한다.

물

우리 몸의 60%가 물이다. 1%의 수분 부족은 당신의 신체적·정신적 능력을 손상시킨다. 이와 같은 이유로 많은 전문가들은 매일 5~7리터의 물을 마시도록 권고한다(당신이 활동적이라는 가정으로 말이다).

음식

상식적으로 하루에 세끼를 먹으라 하지만 새로운 연구 결과에 따르면 하루 4~5번의 소식이 더 좋다고 한다. 하루 동안 여러 번 나눠서 먹는 소식은 콜레스테롤 수치를 낮추고 몸무게를 줄인다. 또 에너지 레벨과 신진 대사를 높이며 작은 근육을 보존한다. 가장 중요한 것은 각자에게 맞는 걸 선택하는 것이다.

5. 잠을 더 많이 자고 쉬어라

전기가 나오기 전, 대부분의 사람들은 10시간 정도 잠을 잤다. 선택할 수 없었기 때문이기도 하겠지만 그때의 사람들이 우리가 생각하는 것보다 더 현명했던 것일 수도 있다. 제임스 마스 박사는 《뉴욕 타임스》에 "최적의 성과를 위해서는 10시간의 밤잠을 자는 것이 이상적이다."라고 기고했다. 낮 시간에만 의존하여 활동하던 시절이 지나자 수면 습관이 바뀌었다.

오늘날 리모컨도 문제 해결을 도와주지 않는다. 평균 수면 시간은 8시간으로 줄었다. 성인의 1/3 이상이 6시간도 자지 않는다. 마스 박사는 "최근 20년 만에 연간 일하고 출퇴근하는 시간이 158시간 늘었다. 한 달 내내 일하는 시간과 맞먹는다."라고 했다. 분명히 우리는 일은 더 많이 하고 잠은 덜 잔다.

이러한 추세는 표면적으로는 효율적인 것처럼 보이지만 장기적인 효과는 그렇지 않다. 매년 더 많은 사람들이 수면 장애를 겪고 있고 수면 부족으로 사고와 생산성 저하가 일어난다. 전문가들은 손실이 수십, 수백억 불에 달한다고 하고 인명 피해 또한 셀 수 없다.

적어도 8~9시간 수면을 권한다. 그보다 적게 잔다면 부족한 잠은 낮잠으로 채우도록 한다. 잠을 적게 자야 더 생산적이라는 생각은 무지에서 비롯된다. 충분히 쉬어 보면 삶의 질이 더 빨리 높아진다는 걸 알게 된다.

G=성장Growing

아들 해리슨을 볼 때마다 늘 놀란다. 자고 일어나면 큰다는 것이 과장된 표현이 아니다. 지금 걸음마를 하는 시기인데 매일매일 변하는 걸 보게 된다. 말을 하거나 다리를 사용하는 법도 발견하고 있다. 물론 가끔 가다 넘어지지만 어른들과 달리 실패를 두려워하지 않는다. 아이들은 실험을 해 보려고 하기 때문에 빠르게 나아간다. 이상하게 보일까 하는 생각은 전혀 없다.

아기들은 얼굴이 붉어지지 않는다. 그들은 자신이 어떻게 비춰질까 하는 생각이 없다. 배가 고프면 운다. 쉬가 마려우면 싼다. 리모컨을 씹고 싶으면 씹는다. 그들은 시도와 실패를 통해 나아간다. 그러나 성인들은 살아가면서 위험에는 퇴행하는 경향이 있다. 우리는 실패를 더이상 용납할 수 없다고 마음먹는다. 결과적으로 통제할 수 있는 경우에만 안주한다.

에릭 호퍼는 변화하지 않는 손실을 경고했다.

"급격한 변화의 시기에 미래를 물려받은 것은 학습자이다. 박식한 사람이란 더 이상 존재하지 않는 세상에 살도록 맞춰진 사람이다."

더 높은 삶을 디자인하는 여행가는 예외이다. 우리는 변화를 두려워하지 않는다. 왜냐하면 변화와 성장은 함께한다는 것을 알기 때문이다. 우리는 안주하는 편안한 공간을 넘어서야 성장한다는 걸 안다.

통제하기를 포기한다는 것은 죽음을 의미하기도 한다. 프랑스 작가 아나톨 프랑스는 "모든 변화는 가장 원했던 것일지라도 슬픈 면이 있다. 우리가 뒤에 남기는 건 우리 자신의 일부이기에 다른 삶을 살기 전에 이전의 자신을 버려야 한다."고 했다.

변화가 두려운 건 당연하다. 변화하기 위해서는 죽어야 하고 다시 태어나야 한다. 이러한 사이클은 성장을 만든다. 그러나 이 과정에서 어쩔 수 없는 고통이 따른다. 매번 휴대 전화를 업그레이드할 때마다 이런 경험을 한다. 며칠 동안은 새로운 전화기가 싫다. 새로운 기기가 더 빠르다는 건 알지만 사용법을 배워야 하는 것이 싫다. 그런데 3일 정도만 지나면 좋아지고 예전 것에 싫증을 갖게 된다. 다음 2년 후 업그레이드할 때까지.

전화기에 대한 이러한 작은 예는 더욱 큰 경우에도 적용할 수 있다. 예를 들어 희생의 법칙이다. 존 맥스웰은 이 법칙을 이렇게 설명한다. "올라가기 위해서는 포기해야 한다."고. 포기한다는 것은 다른 무언가를 제공받지 못할 수도 있다는 가정하에 먼저 놓는 것이다. 이는 진정한 위험을 안고 신뢰를 보이는 행위이다. 샤를 뒤보스는 "우리가 앞으로를 위해 지금의 우리를 언제든 희생하는 것은 능력이다."라고 했다.

더 높은 삶을 디자인하는 여행가는 그들의 여정에 성장을 두둑이 챙긴다.

E=열정적인Enthusiastic

몇 년 전 리더십 행사에 참여했을 때 해 본 연습 중 하나는 열정을 담은 문장을 적어 보는 것이었다. 열정에 대한 정확한 정의나 어원에 대해 잘 모르다가 이 단어에 담긴 힘을 알게 되었을 때 놀랐었다.

열정적이라는 의미의 'Enthusiasm'은 그리스 단어인 열정Enthousias-mos에 기원을 두고 있다. 'in' 안이라는 접두어 en에 신이라는 의미의 theos, 'God'의 어간으로 되어 있다. 그 의미는 '열정적인'이다.

1. 신성한 영감
2. 신으로 부터의 영감
3. 황홀한 상태

연습을 하기 위해서 신성한 영감과 황홀함을 반영하는 문장을 작성해 보기로 했다. 나는 '최첨단을 이끌기 위한 더 강력한 경험'이라고 문장을 만들었다.

최근까지도 이 문장을 읽으면 심장이 더욱 빨리 뛰고 아드레날린이 빨리 분출되는 것이 느껴진다. 내가 누구인지와 내가 사랑하는 것이 무엇인지 잘 나타내 준다. 각 단어를 나누어 설명하여 왜 이 문장이 나를 흥분시키는지 설명하겠다.

더 강력한Supercharged

우리 집 사무실에 들어오면 이륙하려는 12개 정도의 모형 항공기를 볼 수 있다. 아마도 내가 여행을 좋아하는 이유 중 하나라고 할 수 있다. 제트 엔진이 지상에서 이륙하면서 친숙하지 않은 하늘로 올라갈 때 내는 굉음에 빠져 있다고도 할 수 있다. 이와 비슷하게 나는 이륙을 준비하는 사람들과 함께 일하는 희열을 즐긴다. 자신을 제한하고 그저 그렇게 살아가는 삶을 밀어내는 그 느낌이 좋다. 나는 더 높은 삶을 디자인하는 방식에 푹 빠져 있다.

경험

"말해 달라, 나는 잊을 것이다. 보여 달라, 혹시 기억할 수도 있을 것이다. 날 참여시켜라, 그러면 이해할 수 있을 것이다."라는 중국 격언이 있다. 다시 말해 강의는 경험만큼 강하게 영향을 미치지 못한다는 것이다.

스카이다이빙이 좋은 예이다. 방에 앉아서 스카이다이빙의 구조나 원리에 대해 공부할 수 있다. 어떤 이가 스카이다이빙하는 비디오를 볼 수도 있다. 이런 레슨이 도움이 될지도 모른다. 그러나 내 머리에 스카이다이빙을 확실히 심는 건 비행기에서 실제로 점프해 보는 것이다.

이와 비슷하게 나의 열정은 다른 사람들을 참여시켜서 가르치는 것이다. 이론은 잊어라. 나는 삶을 직접 경험해 보고 싶다. 그리고 그렇게 한다. 우리 팀이 변화에 대해서 단순히 말만 하는 게 아니라 경험하도록 돕는다.

이끌기

어린 시절부터 나는 다른 사람들을 이끄는 영광과 책임을 기꺼이 맡았다. 영광이라고 말하는 이유는 진정한 리더십이 자리에서 얻어지는 것이 아니기 때문이다. 그것과는 반대이다. 허락으로 얻게 되는 것이 진정한 리더십이다.

이와 비슷하게 책임을 말한다. 왜냐하면 진정한 리더십은 힘을 과시하는 것이 아니다. 이와는 반대로 섬기는 모습을 보여주는 데 있다.

혁신

나는 기술의 팬이고 이노베이션을 높게 생각한다. 최첨단 상품을 사용하는 집단의 사람들Early-Adapter이라고 부를 수도 있다. 나는 오래된 앤티크보다 혁신을 선호한다.

단순한 기기뿐 아니라 혁신에 더 가치를 부여하는 사람들과 일하는 것을 선호한다. 이노베이션은 특정한 종류의 사람을 끌어당긴다. 이들을 개척자, 기업가, 혹은 틀 밖에 있는 자라고 부르는 사람들도 있는데 나는 그들을 친구라고 부른다.

당신의 열정적인 문장을 만드시오

이 단어를 전체 문장으로 나타내면 내 열정의 전체 그림을 알게 된다. 나는 혁신을 이끄는 더 강한 경험에 내 삶을 바치도록 영감을 받았고 이끌렸다.

아직 당신의 열정적인 문장을 모른다면 시간을 갖고 만들어 보길 권한다. 그리고 그 문장이 나오면 아래 공간에 채워 넣길 바란다.

더 높은 삶을 디자인하는 여행가는 그들의 여정에 열정을 풍성하게 싣는다.

_____

_____

_____

_____

_____

_____

_____

_____

_____

_____

_____

_____

당신의 짐이 당신이다

아무도 여행을 위한 당신의 짐을 싸 주지는 않는다. 어떤 것을 가져올지는 당신의 선택이다. 'B·A·G·G·A·G·E'인가, 아니면 'L·U·G·G·A·G·E'인가?

B=탓Blame	L=애정 어린Loving
A=거만Arrogance	U=해방된Unleashed
G=욕심Greed	G=배짱 있는Gutsy
G=원한이나 유감Grudges	G=관대한Generous
A=무관심Apathy	A=활동적인Active
G=불평Grumbling	G=성장Growing
E=선망Envy	E=열정적인Enthusiastic

한쪽은 무게로 눌리고 다른 한쪽은 자신을 올려 주게 된다. 한쪽은 당신의 여정을 방해하고 다른 쪽은 여정을 향상시킨다. 더 높은 삶을 디자인하는 여행가는 제대로 된 짐을 싸면 불필요한 짐을 버리게 된다는 걸 안다.

☐ 나는 사람이나 상황을 탓하지 않는다. 그렇기에 내 삶에 책임을 질 수 있다.

☐ 거만하게 삶을 살지 않는다. 다른 이를 섬겨서 후손까지 유산을 남긴다.

☐ 필요한 사람들에게 베풀며 욕심을 내지 않는다.

☐ 나를 짓누르고 원망하는 마음을 내려놓고 무겁지 않게 여행할 수 있도록 한다.

☐ 명확한 '왜'를 가지고 무관심에 빠지지 않도록 한다.

☐ 긍정적인 주파수를 내보내 불평을 극복하고 좋은 관계를 만들어 낸다.

☐ 풍요로운 마음가짐으로 시기심을 지워 나의 잠재력을 죽이지 않는다.

☐ 나의 관계 속에서 무조건적인 사랑을 표현하고 실천한다.

☐ 진정성을 보여 주는 자유로운 삶을 통해 주위 사람들에게 영감이 되도록 하여 그들이 더욱 많은 것을 이룰 수 있도록 한다.

☐ 배짱 있는 태도를 지니고 싸움에 진격하여 다른 이들이 그들의 전쟁을 맞이할 때 용기를 낼 수 있도록 한다.

☐ 주요 사람들을 멘토링하는 넉넉한 인품을 펼쳐서 내가 받은 관대한 마음을 다시 돌려주도록 한다.

☐ 내 몸과 정신의 건강을 적극적으로 관리하여 더 높은 삶을 유지할 수 있는 힘과 에너지를 키울 수 있도록 한다.

☐ 변화를 받아들여 지속적으로 성장할 수밖에 없음을 인지하고 개인적·직업적으로 확장시키도록 한다.

☐ 나의 열정을 담은 문장을 적어서 어떤 것이 나에게 힘을 주는지 명확하게 알도록 한다.

PART II

비행 — 준비

태도 공식

더 높은 고도 = 더 나은 태도

지난 5년간 제퍼슨의 리더십과 긍정적인 태도로 더 높은 삶을 디자인할 수 있었다. 그의 이야기, 그의 비전과 일등석 태도는 나와 수많은 사람들에게 영감을 일으키는 등대가 되었다.

- 조지 A.

신이 내 안에 나보다 더 큰 무언가를 심었다고 느꼈지만 어느 순간 나는 내 꿈을 접었다. 내가 다루던 '카드'에 안주하고 받아들였다.

제퍼슨 산토스는 내가 나를 믿는 것보다 나를 더욱 믿어 희망을 가질 수 있게 해 주었다. 그의 멘토링으로 나는 내 미래와 내 가족의 미래를 바꾸었다. 사고방식을 바꾸어야 당신의 꿈을 이루는 데 다가갈 수 있다. 신이 나를 포함한 모든 이들을 위해 더 높은 삶을 디자인한다고 굳게 믿게 되었다.

- 샤논 G.

"**세계**에서 가장 강인한 운동선수는 62세 여성이다."

2011년에 나온 그녀에 대한 평은 정확하다. 누가 제정신으로 쿠바에서 플로리다까지 110마일 수영을 시도하겠는가?

예상했던 대로 장거리 수영선수 다이애나 니아드는 목표에서 약간 밑돌았다. 네 번의 실패를 하면 대부분의 사람들은 포기했겠지만 다이애나는 그렇지 않았다.

처음 시도는 1978년이었다. 나이가 지금의 절반 정도 되었을 때였다. 그 당시에는 20×40피트 스틸 사각형 상어망 안에서 42시간 동안 수영을 했다. 강한 서풍이 불었고 8피트의 너울은 상어망을 세게 쳤다. 그녀는 76마일을 수영하였지만 코스는 더 이상 직진을 할 수 없었다. 수영한 지 이틀도 채 되지 않아 몸무게 29파운드가 빠졌고 의사들은 수영을 중단시켰다.

뉴욕 데일리 뉴스에 따르면 "잡을 수 없는 꿈은 그녀의 생각을 더 이상 사로잡지 못하였으나 그렇다고 완전히 사라진 것은 아니었다. 다이애나는 60세가 되었을 때 지구에서 남은 시간을 생각해 보게 되었고, 부정적인 생각으로 부질없이 지난 세월을 보낸 자신을 용서할 수 없었다."고 한다.

다이애나는 그녀의 고도를 바꾸면서 태도도 바꾸었다. 차원을 높인 사고를 통해 그녀는 자신이 부여한 덫에서 빠져나왔다. 다시 되찾은 꿈을 위해서 더 이상 흔들 수 없는 열정과 결의가 필요했다. 그녀의 더 큰 비전은 더 나은 태도를 요구했다. 부정적인 생각은 더 이상 그녀의 마음을 훔치지 못했다.

"오랜 꿈이었던 쿠바에서 플로리다까지의 수영이 다시 수면 위로 올라왔고 그녀의 상상력에 더욱 짜릿함을 불어넣었다. 그녀가 20대에 끝내지 못한 여정을 정복하기로 결심한 것은 60대였다."

2013년 64세의 나이에 다이애나는 그녀의 꿈을 이루었다. 이번에는 보호망도 사용하지 않았다.

고도는 태도를 결정한다

이 구절을 들어 봤을 것이다. "당신의 태도는 당신의 고도를 결정한다." 다시 말해서 당신의 태도가 좋으면 좋을수록 당신은 더 높이 오를 수 있게 되고 더 많이 이루게 되는 것이다. 이 문장은 일부 진실을 포함한다.

그러나 우리 팀은 이 문장의 앞뒤를 바꾸었다. 당신의 고도가 높으면 높을수록 당신의 태도는 더욱 좋아진다. 더 높은 삶을 디자인하는 여행가는 가다가 막히게 되면 초점을 바꾸어 자신을 바꾸는 것을 직접 목격했다. 더 높은 생각은 긍정적인 태도에서 온다.

빅터 프랭클(1905~1997)은 그가 나치 포로 수용소에서 복역하고 있을 무렵에 이 원리를 그대로 실천했다. 아우스비츠 포로 수용소에서 그는 '벌거벗은 신세'로 전락했다. 독일군은 그의 옷을 벗기고 결혼반지와 그가 쓰고 있던 원고까지도 다 빼앗아 갔다. 그런 후 그의 몸 구석구석을 면도시켰다. 그가 유일하게 위안으로 삼은 것은 머리 위에서 가스가 아닌 물이 나오고 있었다는 것이다.

감옥에 가기 전 빅터는 심리 테라피스트와 뇌 전문 외과 의사로 자살 위험이 있는 사람들의 우울증을 치료하는 의사였다. 아우스비츠 수용소의 상황이 너무 극단적이었기에 많은 수감자들이 목숨을 끊곤 했다. 그들은 신체적·정신적인 고문에서 강하게 벗어나고 싶었기에 자살을 선택했다. 학대와 폭행은 치명적이었고 가장 긍정적인 태도까지도 말살했다.

때로는 빅터 프랭클도 (고통이 없는 곳이라는) 죽음의 매력을 느끼곤 했다. 이런 운명을 피하기 위해 빅터는 자신의 목적을 찾으며 살아 있으려 했다. 다른 수감자들의 자살을 막는 것을 자신의 목적으로 삼았다. 그는 고도를 바꾸고 태도를 바꾸었다.

다른 수감자들의 목적을 찾아 주면서 그도 자신의 목적을 되찾게 되었다. 그는 한 수감자에게 딸을 다시 만나는 꿈을 꿀 수 있게 도와주며 힘을 주었다. 또 한 사람이라도 살아 있을 수 있도록 도우면서 하루마다 할당되는 삶의 작업을 달성했다. 수감자들에게 그들의 꿈을 알 수 있도록 도우면서 빅터는 자신의 꿈을 찾았다.

아우스비츠에서 살아남은 사람들의 유일한 태도는 감옥 벽보다 더 높이 날아오르는 것뿐이었다. 그는 그들의 꿈의 높이가 수감자들의 척박하고 형언할 수 없는 조건을 벗어날 수 있게 도와주었다.

빅터 프랭클은 "그들이 내게 저지른 만행에 대해 내가 어떻게 반응할지 선택할 마음만은 빼앗아 갈 수 없는 유일한 나의 것이었다. 한 사람의 마지막 자유는 그 어떤 상황에서 어떤 태도를 취할지 선택하는 자유이다."라고 했다.

그는 사람의 태도는 그 사람의 고도 레벨에 따라 직접적으로 형성된다는 걸 알게 되었다. 더 높게 다다른 사람들은 다 멀리 가서 살아남았다. 꿈은 중요하다. 특히 아우스비츠 같은 곳에서는 더욱 그렇다.

아이들처럼

당신은 어떤가? 긍정적인 태도가 어려운가? 그렇다면 태도에만 고집하지 말고 고도를 높이길 바란다. 당신의 꿈은 얼마나 큰가? 아마 너무 낮게 잡았을 수도 있다. 작은 꿈은 그저 그런 태도만 있으면 된다. 그러나 매우 큰 꿈은 최상의 태도를 만들어 낸다.

당신은 꿈이 무엇인지 알지 못할 수도 있다. 내가 꿈에 대해서 말할 때 어떤 이는 혼란스러워하고 또 명확하지 않아 당황스러워한다. 나는 자신의 꿈이 무엇인지 모르는 사람들을 보면 할 일이 있음을 알게 된다. 왜냐하면 모든 사람들은 자신의 꿈이 이미 심어져 있다고 믿기 때문이다. 자신의 꿈을 찾는 건 발견이라기보다 회복이라고 생각한다.

아이들을 보면 그들만의 특징이 있다.

- 아이들은 사랑을 한다.
- 아이들은 위험을 무릅쓴다.
- 아이들은 꿈을 꾼다.

아이들은 사랑을 한다

내 아들 해리슨이 태어났을 때 아이에게 안아 주는 법을 가르치지 않았다. 그런데도 그저 자연스럽게 안았다. 아이가 엄마와 꼭 껴안고 있는 걸 본 기억이 있다. 이런 사랑은 모든 아이들에게서 볼 수 있다. 어린아이들이 노는 것을 관찰하면 방금 만난 사이일지라도 헤어질 때 서로 안아 준다. 그러나 아이들은 커 가면서 모르는 사람에 대한 생각으로 자유롭게 사랑을 주지 않게 된다.

아이들은 위험을 무릅쓴다

아이들은 자신이 무엇을 원하는지 알고 원하는 것을 위해 달려간다. 쿠키가 먹고 싶으면 계산대 앞에 서고 달콤한 불량 식품을 먹기 위해 자신의 위험도 아랑곳하지 않는다. 수영을 하고 싶으면 물속으로 바로 점프해 들어간다. 그들은 여러 생각을 하지 않고 바로 행동으로 넘어간다. 그러나 커 가면서 불과 물을 조심하고, 떨어질까 봐 더 이상 위험을 감수하지 않도록 학습한다.

아이들은 꿈을 꾼다

아이들은 성인들보다 자신이 원하는 게 무엇인지 잘 이야기한다. 무엇이 될 수 있는지를 보고 말하기를 주저하지 않는다. 아이들에게 꿈이 무엇이냐고 물으면 그들은 "축구하는 거요."라고 하거나 "예술가가 되는 거요." 또는 "춤추는 거요."라고 말한다. 성인들에게 물어보면 그들은 어깨만 쓰윽 올릴 뿐이다. 아이들은 자라면서 반대 의견이 있다는 걸 알고는 꿈을 꾸지 않도록 학습한다.

원숭이를 조심하라

경영학자인 게리 하멜과 C. K. 프라할라드는 대부분의 성인들이 왜 꿈꾸기를 멈추었는지 원숭이 실험을 통해 설명한다.

연구자들은 4마리의 원숭이를 방에 놓았다. 방의 중앙에는 긴 대가 있고 바나나 한 묶음을 맨 꼭대기에 달았다. 그중 배고픈 원숭이가 이것을 먹어 보려고 긴 대를 올라가기 시작했다. 그러나 바나나를 잡으려고 하자 찬물 세례를 받았다. 꽉 소리를 내며 원숭이는 모험을 뒤로하고 막대 아래로 후퇴했다. 다른 원숭이들이 비슷한 시도를 하였고 각각 찬물에 흠뻑 젖었다. 여러 번 시도를 거듭한 후에 원숭이들은 잡을 수 없는 바나나를 포기했다.

연구자들은 방에서 원숭이 한 마리를 빼고 새로운 원숭이를 교체했다. 새로 온 원숭이가 막대 위로 올라가려고 하자 나머지 세 마리가 그 원숭이를 아래로 끌어 내렸다. 여러 번 올라가려고 시도할 때마다 다른 원숭이들이 잡아당기자 새로 온 원숭이는 마침내 포기하고 아예 막대를 올라가려는 시도조차 하지 않았다.

연구자들은 기존 원숭이를 한 마리씩 새로운 원숭이로 교체했다. 그리고 매번 새로 온 원숭이는 바나나까지 올라가기도 전에 다른 원숭이들에 의해 끌려 내려왔다. 시간이 지나자 그 방에는 찬물 세례를 받지 않은 원숭이들만 남았다. 그러나 그중 아무도 막대를 올라가지 않았다. 그들은 서로서로 다른 원숭이가 올라가지 못하게만 막았고 왜 그래야 하는지는 아무도 몰랐다.

당신도 예전엔 어린이였기에 자연스럽게 꿈을 가졌었다. 그런데 자라는 도중 고통을 경험했을 것이다. 거기서 실패했을 수 있고 꿈이 좌절되었을 수도 있다. 원숭이 실험처럼 다른 사람들이 당신을 눌러서 막았을 수도 있다.

이젠 당신의 꿈을 되찾을 때다. 변명 따윈 잊어라. 당신의 태도는 당신의 고도에 달려 있다. 작은 꿈으로는 좌절된 태도만 만들 뿐이다. 그러나 '극한의 꿈'은 엄청난 태도가 필요하다.

오리지널 극한 드림

대부분의 사람들은 다이애나 니아드의 꿈이 28세 때 시작되었고 그때 처음으로 쿠바에서 플로리다까지 수영을 시도한 것이라 생각할 것이다. 그러나 조금 더 자세히 살펴보면 이야기가 매우 다르다는 걸 알수 있다. 그녀는 다른 시도와 함께 꿈을 회복한 것이지, 꿈을 발견하게 된 것은 아니었다.

다이애나는 공산주의가 쿠바를 지배하지 않았던 8살 때 쿠바를 처음 방문하고는 플로리다 해협을 수영으로 횡단하는 꿈을 꾸었다.

종종 시간이 지날수록 꿈은 옅어지게 된다. 그러나 무의식으로 숨어 들어서 삶의 나중에 다시 인식할 수 있게 수면 위로 떠오른다.

니아드는 이를 너무나 잘 알고 있었다. 그녀는 말했다.

"당신은 꿈이 있어요. 그 꿈은 실현되지 않은 상태지만 우리는 삶을 살아가죠. 그러나 어딘가 저 뒤에서 머물러 있어요. 그러다가 당신은 60살이 됩니다. 어머니가 돌아가시고 무언가 의미를 찾게 되지요. 그때 꿈은 당신의 상상력에서부터 다시 깨어 나옵니다."

구글에서 '극한 꿈Xtreme Dream'을 검색하면 다이애나 니아드의 웹 사이트를 쉽게 찾을 수 있다. 그 사이트를 방문하면 지도 맨 아래에 쿠바와 키웨스트가 있고 위에서 플로리다를 발견하게 된다. 두 대륙을 잇는 빨간 줄이 보이는데 그 줄을 따라 오렌지색 점들이 '극한 드림팀'이라는 짧은 설명과 함께 다이애나의 과정을 소개한다. 마지막 오렌지색 점과 함께 2013년 9월 3일 미국 동부 시간 오후 3시 6분 그녀의 팀은 이렇게 올렸다.

"다이애나는 공시된 110.4마일을 52시간 54분 18.6초의 수영으로 횡단한 후에 키웨스트에 도착했다."

그녀가 마침내 해안에 들어서는 모습을 담은 동영상을 보면 상징적으로 느껴진다. 그 몇 분 사이에 나는 스포츠 동영상이라기보다는 인간에 대한 이야기를 보고 있다고 느꼈다. 다이애나도 처음에는 정신이 없어 보였다. 52시간 수영을 하였으니 그럴 법도 했다. 곧 군중이 그녀를 둘러쌌다. 그들은 그녀가 '극한 꿈'을 달성한 것을 축하하기 위해 모였다.

규정은 '물 밖에서는 절대로 그녀를 도울 수 없다.'였다. 균형을 잡는데 매우 어려워하면서도 다이애나는 꽤 힘겹게 일어섰다. 여러 번 넘어지기도 했다. 한 발짝 한 발짝이 매우 고통스럽게 보였지만 그 당시 감정은 그 어떤 말로도 설명할 수 없을 정도였다. 그녀가 가진 '극한 꿈'의 고도는 인간의 위대한 경지였다.

그녀가 마지막 발을 딛는 것을 보고 군중은 함성을 지르며 그녀의 승리에 환호했다. 반대를 일삼는 사람들은 호들갑 떤다고 하였지만 다이애나는 8살 때부터 마음에 품었던 꿈을 달성했다. 그녀의 한마디를 담으려고 마이크가 모두 몰리자 다이애나는 통증에도 불구하고 매우 강력한 메시지를 힘들게 전해 주었다.

"나는 세 가지 메시지를 받았습니다. 첫째, 우리는 절대, 절대로 포기해서는 안 된다는 것. 둘째, 꿈을 좇는 데 늦은 나이란 절대로 있을 수 없다는 것. 끝으로 셋째는 혼자 하는 스포츠같이 보이지만 팀이 함께하는 작업이라는 것입니다."

무엇이 끝까지 해낼 수 있게 했냐는 질문에 그녀는 "이건 내 평생의 꿈이었습니다. 눈 깜짝할 사이에 세월은 훌쩍 지나갑니다. 나는 내 삶의 끝에서 나의 하루하루를 값지게 쓰기 위해 모든 걸 쏟아붓지 못했음을 후회하고 싶지 않았습니다."라고 말했다.

세 가지 극한 꿈에 관한 진실

더 높은 삶을 디자인하는 여행가는 더 높이 생각하고 더 크게 꿈을 꾼다. 그들의 높은 고도는 더욱 나은 행동을 불러일으킨다.

당신이 부정적인 태도로 고생하고 있다면 당신의 고도를 바꾸면 된다. 오래전 가졌던 그러나 어느 순간 잃었던 꿈을 다시 찾으라. 그런 후 다이애나가 환호 속에서 전해준 이 세 가지 메시지를 적용해 보라.

1. 절대, 절대로 포기하지 말라: 이길 방안을 찾아라

살아 보면 당신이 추구하는 게 무엇이든 그대로 이어진다는 걸 발견하게 된다. 포기하고 싶으면 포기할 이유를 찾아내게 된다. 이기고 싶으면 그 또한 방법을 찾아내게 된다. 모든 것은 당신의 선택에 달려 있다.

나는 "목표를 크게 설정하여 당신이 그 목표를 이룰 만큼 커질 때까지 성장하라."는 말을 좋아한다. 이 말의 의미는 극한 꿈이 최종 도착지가 아니라는 것이다. 그 대신 그 꿈은 당신이 잠재력에 도달할 수 있는 길을 만들어 준다. 꿈으로 인해 더 깊이 들어가게 되고 변화를 겪게 된다. 쉽게 할 수 있는 것이었다면 그냥 일일 뿐이지, 꿈이라고 할 수조차 없다.

CBS의 'This Morning'이란 프로그램에서 다이애나는 말했다. 수영을 하며 되풀이한 주문이 "길을 찾아라!"였다고. 그 여정에 대해 언급하며 그녀는 또 이렇게 말했다.

"사실 당신이 무엇과 직면해 있는지는 별로 중요하지 않습니다. 왜냐

하면 그 어떤 것도 과히 기분 좋지 않은 것일 테니까요. 그 누구도 가는 도중에 '오늘 밤 달이 너무 아름답지 않아?'라고 하지 않습니다. 당신은 모든 걸 겪으면서 매우 힘든 길을 갑니다. 사람들이 나의 도전과 이야기에 공감하게 되는 이유입니다. 우리 모두는 마음이 아파지는 것과 삶에서의 어려움을 겪습니다. 그때 자신에게 '길을 찾아!'라고 말하면 그 고비를 잘 넘겨 나가게 됩니다."

2. 자신의 꿈을 좇는 데 늦은 나이란 없다: 나오는 모든 핑계를 없애라

나의 멘토 중 한 사람인 존 맥스웰은 "핑계는 단순히 당신의 꿈을 향해 가는 고속도로의 출구 램프일 뿐이다."라고 했다. 내 말을 믿어라. 이와 같은 램프는 수백만 개가 있다. 때로 생각해 보면 꿈을 이룬 사람들은 그저 포기하지 않고 그 길을 간 사람들이라는 걸 알게 된다.

한계는 단순히 우리가 믿어 버리는 거짓말과 같다. 어네스틴 셰퍼드는 75세의 보디빌더 할머니이다. 닉 부이지치는 사지가 없는 채로 축구와 수영을 하고 그림도 그리며 수백만 명의 사람들에게 메시지를 전한다.

당신의 핑계는 무엇인가?

다이애나는 포기할 만한 이유가 너무 많았다. 그녀는 "나는 너무 늙었어."라는 출구 램프를 보고 포기했을 수도 있었고, "해파리가 얼굴을 물었어."라며 포기할 수도 있었다. 그러나 그녀는 포기하지 않았다. 네 번의 실패에도 불구하고 핑계를 접은 채 자신이 설정한 꿈의 고속도로를 달려갔다. 그리고 2013년 9월 3일, 그녀는 마침내 마지막 종착지에 다다랐다.

3. 혼자 하는 스포츠같이 보이지만 이건 팀이 함께하는 것이다 : 당신의 '극한 드림팀'을 만들어라

쿠바에서 플로리다까지 수영으로 횡단하는 것이 매우 크게 느껴졌기에 다이애나는 이를 두고 그녀의 '극한 꿈'이라고 명명했다. 그녀는 서사적인 꿈을 위해 팀이 필요했고 40명이 넘는 사람들을 선정하여 도움을 받았다. 그녀가 가진 꿈의 고도를 감지한 그녀의 팀에서는 매우 멋진 행동이 형성됐다. 그들은 그녀의 부름에 강한 믿음과 강인한 결의로 대답했다. 그들 모두 그 과정에서 대가를 치렀고, 마지막에 노력에 대한 보상을 맛보았다.

모든 '극한 꿈'에는 '극한 드림팀'이 필요하다. 나도 큰 꿈이 있다. 우리 팀원은 10만 명이 넘는다. 그리고 매일매일 그 규모는 견실하게 늘고 있다. 매우 자랑스러운 것은 우리 모두 같은 목표를 향해 가고 있다는 것이다. 비록 이런 '극한 꿈'을 이루기 위해 에너지와 노력이 필요하지만 이에는 높은 보상과 후한 결실이 함께 따른다.

더 높은 삶을 디자인하는 이유가 있다

시간을 내서 이 책을 읽고 자기 성장을 거듭하는 당신을 보면 당신의 고도가 어느 정도인지 가늠할 수 있다. 당신은 대부분의 사람들보다 더욱 높이 생각한다.

그리고 당신은 더 많이 되고 싶고, 더 많이 하고 싶고, 더 많이 갖고 싶고, 더 많이 주고 싶은 열정이 있다는 것을 안다. 그럼에도 불구하고

그보다 더 높게 잡으라고 요구한다. 더 크게 생각하는 데는 추가적인 에너지가 필요하지 않다. 더 높이 생각해야 더 많이 이루게 된다. 왜냐하면 고도가 더 높을수록 더 나은 행동으로 가게 되니까.

깊이 숨을 쉬어라. 이미 꽤 많이 왔다.

지금까지 우리 여정에서 당신은 이륙하는 단계에서 당신의 기대를 높였다. '더 많이 갈망하라(STEP 1)'와 '짐을 싸라(STEP 2)'였다. 그리고 '태도 공식(STEP 3)'을 사용하여 준비를 마쳤다.

이제 곧 다음 단계로 넘어가게 된다. '당신의 이야기를 바꿔라(STEP 4)'다. 더 높은 삶을 디자인하는 데 필요한 각 7단계는 중요하다. 일부를 제외하거나 배제할 수 없다. 제외하게 되면 당신의 고도만 방해할 뿐이다.

더 높은 삶을 디자인하는 이 모든 단계는 당신이 의도한 종착지에 건강하고 부유하며 행복하게 도착할 수 있도록 도와준다. 다음 단계로 넘어가기 전에 다음의 체크 리스트를 확인한다.

☐ 고도를 바꾸어서 나의 태도를 변화시킨다. 이렇게 하면 더 높이 갈 수 있다.

☐ 나의 태도에 대한 완전한 책임을 진다. 내가 내 결과를 망치는 일이 일어나지 않도록 한다.

☐ 나는 더 많은 시간을 꿈을 발견하는 것보다 회복하는 데 투자한다. 이렇게 함으로써 내면의 원동력과 동기를 찾고 느끼게 된다.

☐ 내 주변 사람들에게 더욱 사랑을 주어서 그들이 사랑받고 있다고 느낄 수 있도록 한다.

☐ 간절함을 향해 나아가며 더 많은 위험을 감수한다. 그래서 후회하지 않는 삶을 산다.

☐ 생각을 높여서 더 많이 꿈꾸고 더 많은 성과를 이룬다.

☐ 이길 수 있는 길을 찾아서 어려움을 극복한다.

☐ 모든 핑계를 제거하여 포기하지 않는 사람이 된다.

☐ 나의 '극한 꿈'을 알아내 더욱 크고 담대한 삶을 시작할 수 있게 한다.

☐ '극한 드림팀'을 만들어 나의 극한 꿈이 가능하도록 한다.

☐ 더 높은 삶을 지속적으로 디자인하고 모든 7단계를 마쳐서 내가 의도한 도착지에 건강하고 부유하며 행복하게 다다르게 된다.

당신의 이야기를 바꿔라

당신을 바꾸기 위해서는
먼저 당신의 이야기를 바꾸어야 한다

5년 전까지만 해도 내 꿈은 진부했다. 내 삶의 커다란 다음 챕터는 경영진으로 진급하여 많은 직원들을 거느리는 것이라고 생각했다. 제퍼슨을 만나기 전, 나는 내가 아는 다른 사람들처럼 쳇바퀴 같은 삶을 살았다. 어디로 가는 지 모르는 경주를 하고 있었다.

다른 마음가짐으로 산 지 3년, 나는 일에서 세 가지 큰 승진을 얻었다. 내 자신을 믿기 시작했고 챔피언으로 보기 시작했다. 이제는 내 앞에 놓여진 '산'을 더욱 강하게 성장하기 위한 길로 본다.

나는 최근 우리 가족의 미래를 위한 삶을 살아야겠다고 생각하고 회사 생활을 떠났다. 이제는 아빠와 진정한 남편, 그리고 신이 의도한 사람으로서 살수 있게 되었다.

- 제레드 G.

나는 항상 큰 꿈이 있었고 내가 삶에서 이루고 싶은 커다란 목표를 세웠었다. 나의 문제는 이와 같은 목표나 꿈을 이룰 적합한 길을 가지 못했다는 것이다.

제퍼슨은 내 삶의 목표를 이룰 수 있게 하는 시스템을 보여 주었다. 더 좋은 건 나에게 선택할 자유가 있다는 걸 알게 되니 진정으로 마음이 꽉 찼다는 것이다.

- 이반 L.

"**내가** 가진 카드들은 다 별 볼 일 없어요."

남자는 패배자의 말투로 말했다. 나는 그의 말을 감지했다.

안타까웠다. 그러나 당신이 생각하는 그런 이유로 안타까운 건 아니었다. 그에게는 눈에 보이는, 우리 모두 늘 상대하는 여러 어려움들이 있었지만 나는 그를 다른 이유에서 가엾게 여겼다. 그가 하는 말에서 나는 나 자신을 보았다. 나를 바꾸기 전에는 나도 그 사람처럼 생각하며 살았었다.

어머니의 아파트에서 함께 살았을 때 스스로에게 비슷한 말을 했었다. 내가 가진 카드들 다 별 볼 일 없다고.

그러다가 어느 날 상황이 달라졌다.

나는 빚을 다 갚았고 내 집으로 이사를 왔다. 세계를 여행했다. 국제적인 팀을 만들었다.

나의 현명하고 아름다운 아내 메건을 만났다.

회사의 탑 리더 중 한 사람이 되었다.

외부에서는 모든 일이 한 번에 일어난 것처럼 보일 수 있다. 갑자기 우연히 일어난 것처럼. 어떤 사람들은 운이 달라졌다고 하기도 한다. 다른 사람들은 삶이 새로운 길을 열어 주었다고도 한다. 그럴 수 있겠다고 볼 수도 있으나 그들의 시각은 정확하지 않다.

우선 내 상황이 변화되기 훨씬 이전부터 내 안에서의 변화가 먼저 일어났다. 나는 내 이야기를 먼저 바꾸었고 그 결과로 나 자신을 바꾸었다.

내가 가지고 있던 카드를 보고 씁쓸하게 생각하기보다 새로운 길이 열릴 수 있다고 느끼게 되었다. 더 나아가서 내가 실제로 내 삶의 딜러가 될 수 있다는 사실을 알게 되었다.

새로운 이야기는 나에게 새로운 인식의 지평을 열어 주었다. 그때까지도 나는 다른 결과를 원했지만 실제로는 내가 바라는 결과를 받을 만하지 못하다고 생각했었다. 조금 더 들어가 보니 나는 한 번도 내가 생각하는 내 모습보다 나은 성과를 보인 적이 없었다.

1에서 100까지 점수를 매긴다면 나는 나를 60점 정도라고 생각했었다. 세상은 그런 나의 가치를 올려 주려 하지 않았다. 자동 온도 조절 장치와 자신의 이미지는 매우 비슷하다는 걸 알게 되었다. 절대로 외부의 조건으로 100이 되지 않는다. 당신 주변의 사람들이 당신을 칭찬해 주고 올려 주더라도 당신의 결과는 60 아래로 내려가게 되어 있다. 당신이 자신에게 부여한 자신의 이미지가 상한선이 된다.

일하던 초창기에는 엄청난 결과를 바랐지만 사실 더 살펴보면 나는 그런 결과에 적합하지 않았다. 내가 생각하는 자기 이미지가 너무 낮게 책정되어 있었다. 내 안에서 원하고 바랐을 수 있으나 바람은 전략이 될 수 없고 그랬으면 하는 마음으로는 현실을 변하게 할 수 없다. 나는 우선 내 이야기를 다시 써서 그 결과를 프로그래밍해야 했다.

이렇게 만들어진 새로운 이야기는 내가 나 자신을 바라보는 방식을 변하게 했다. 몇 달 되지 않아서 내 결과는 새로운 자기 이미지를 반영하기 시작했다. 스스로에게 다른 이야기를 시작하며 다른 경험도 하게 되었다.

새끼 사자의 교훈

요즘 내가 보는 TV 프로그램의 종류가 만화와 아이들의 이야기로 완전히 달라졌다. 어린 두 아들의 아빠가 되고 나니 그렇게 되었다. 아이들 프로그램은 재미있고 가벼워 보이나 좀 더 세세하게 보면 더 높은 삶을 디자인하는 이야기라는 걸 알 수 있다. 종종 보는 영화나 듣게 되는 이야기에서 이를 발견하게 된다.

한 예로 어느 새끼 사자의 이야기다. 잘 아는 영화일 수 있으나 그 뒤에 숨겨진 원리를 알아챈 사람은 별로 없을 것이다. 네 번째 단계 '당신의 이야기를 바꿔라'를 심바의 삶에서 보게 된다.

심바는 디즈니 만화 영화 '라이온 킹'의 주인공이다. 이 사자는 자신의 이야기를 바꾼 후에 자신을 바꾸게 되었다. 내용에서 무파사라는 정글의 왕이자 모든 동물의 수장을 만나게 된다. 초반에 그와 그의 아들 심바는 너무나 아름다운 관계로 살아갔다. 세상은 완벽하게 느껴졌다. 심바는 매우 힘센 아버지와 레슬링하는 것을 좋아했고 삶의 굴레에서 자신의 자리를 꿈꿔보기도 했다.

모든 왕자들처럼 심바는 자신이 더 높은 삶을 살아야 한다는 걸 알게 되었다. 자신이 언젠가는 정글의 수장이 될 것을 인지했다. 그의 부모님은 그가 세상에 첫 숨을 내쉰 순간부터 이 같은 이야기를 해 주었다. 그들은 매일매일 혹시라도 심바가 의심할 여지를 만들지 않기 위해 더욱 이야기를 강조했다. 그가 아버지와 건강한 관계를 유지했기에 심바도 건강한 자기 이미지를 유지할 수 있었다. 그는 로열패밀리의 피가 흐르는 것을 느꼈다. 비록 어리고 작았지만 하루가 다르게 그는 강해지고 나이를 먹었다.

그러다가 일이 일어났다. 이야기가 급격하게 변했다. 어느 날 심바는 삼촌 스카의 꼬임에 넘어갔다. 그리고 위험에 빠졌다. 어린 사자가 나갈 수 없는 좁고 험한 산골짜기에 영양 무리가 우르르 몰려왔다. 심바가 곤경에 처해 있다는 것을 알게 된 무파사는 아들을 구하기 위해 달려갔다. 위험한 상황에서 자신을 희생하여 아들을 살렸다.

아버지의 죽음 이후 심바의 이상적인 이야기가 달라졌다. 그는 죄책감을 느끼며 자신의 미련한 선택으로 아버지가 돌아가셨다는 회한과 자기 원망에 빠졌다. 심바는 이 모든 것이 자신의 잘못이라고 생각했다. 스카가 영양 무리를 움직이도록 했고 무파사를 죽여서 형의 왕좌 자리에 오르려는 속셈이었다는 것을 몰랐다.

이번에도 스카의 조언을 듣고 심바는 자신으로부터 그리고 자신의 이야기로부터 도망갔다. '아들'과 '왕'이라는 이름을 받아들이지 않고 심바는 다른 이름인 '살인자'와 '실패자'를 받아들였다. 자신이 라이온 킹이며 적합한 리더라는 더 큰 이야기를 받아들이지 않고 '하쿠나 마타타'라는 다른 이야기를 받아들였다. '하쿠나 마타타'는 스와힐리어이며 번역하면 '걱정 마.' 또는 '걱정 말고 행복하라.'는 의미다.

심바는 이 새로운 '하쿠나 마타타'를 정글에서 새로 사귄 친구들인 티몬과 품바에게 배웠다. 그들은 별 기대 없이 세상에 관심 두지 않고 하루를 살았다. 심바는 작은 이야기에 만족했다. 왜냐하면 그가 죄책 감에서 벗어나는 데 도움이 되었기 때문이다.

시간이 흐르고 목적 없는 평온한 삶을 받아들이려고 노력하면 할수 록 그는 자신을 부르는 서사적 목소리를 떨칠 수가 없었다. 그 목소리 는 안으로 침투되어 그의 마음을 무겁게 눌렀다. 마침내 몇 년이 지나 고 그는 막다른 상태에 다다랐다.

그의 돌파구는 말 그대로 그에게 돌진해 왔다. 정신없는 라피키라는 개코 원숭이가 나타났다. 라피키는 심바가 정체성 위기를 겪고 있을 때 그를 정글 너머 연못으로 데리고 갔다. 심바는 물에 비친 자신의 모습 에서 아버지를 보았다. 그리고 그 모습에 압도되어 뻥 뚫린 공간으로 달려가며 정직하고 겸손하게 하늘을 향해 울부짖었다.

"항상 내 곁에 있으실 거라고 하셨잖아요. 그런데 어디 계세요. 나 때문이에요. 내 잘못이에요."

놀랍게도 유령같이 아버지의 이미지가 그의 머리 위에서 나타났다. 심바는 아버지에게 목 놓아 울었다. 그는 아버지에게 자신이 받아들인 작은 이야기를 말했다. 자신의 부족한 점을 고백했고 그의 단점과 심적인 부담들을 솔직하게 전했다. 아버지는 그의 이야기를 들은 후 대담하게 말했다.

"너는 지금보다 더 클 것이다. 자신이 누구인지 기억하거라."

무파사는 심바의 내면에 있는 진정한 이야기를 상기시켰다. 심바가 자신과 또 다른 이에게 말하는 인색한 이야기가 아니었다. 이야기를 바꾸자 그제야 그는 자신을 바꿀 수 있었다. 진정한 정체성을 받아들이고 적정하게 자신의 것인 왕관을 수여받았다.

더 큰 이야기를 다시 수렴하고는 새로운 용기를 되찾아 스카와 맞섰다. 그 과정에서 자신의 운명을 재정립했다. 그는 온전한 상속자가 되었고 라이온 킹이 되었다. 삶의 순환에서 자신의 자리를 찾았다.

당신의 작은 이야기를 벗고 더 큰 이야기를 맞이하라

이 일화에서 우리는 강한 원리를 발견한다. 처음 심바는 자신감과 자기 확신이 있어 보였다. 그는 자신의 운명을 이해했다. 그러나 매우 짧은 사이 그의 이야기는 변했고 그도 변했다. 자신의 새로운 이미지를 매우 낮게 책정하여 결과도 그렇게 따라갔다. 왕의 아들은 자신이 누구인지, 무엇을 해야 하는지도 잊었다. 왕의 숙명을 받아들이지 않고 대충 사는 것을 기뻐하는 친구들과 있었다. 자신이 다르다고 생각하지 않고 그저 그렇게 살아가는 그들의 이야기를 수용하며 걱정 없는 상태로 살아갔다.

결국 심바는 변화를 경험했다. 그를 정립하는 순간은 진정한 자신이 아닌 이야기를 부정하는 순간이었다. 그가 작은 이야기를 거부하고 그 대신 더 큰 이야기를 받아들이면서 변화가 일어났다. 그의 전략은 간단했다. 자신을 바꾸기 위해서 먼저 그 이야기를 바꾼 것이다.

심바의 예를 가지고 한 방법을 개발했다. 나는 이것을 실생활에서도 사용하고 다른 사람을 코칭할 때도 활용한다. 5단계의 방법을 적용하면 당신도 바꿀 수 있을 것이다. 더 큰 이야기의 예측 가능한 결과이다.

당신을 바꿔라: 당신의 이야기를 바꿔라

S=당신의 감정을 나눠라Share Your Emotion

T=내면 깊게 여행하라Travel Deep Inside

O=비난하는 사람들을 극복하라Overcome the Accusers

R=진실을 기억하라Remember the Truth

Y=누구에게도 양보하지 마라Yield for No One

각 단계별로 살펴보자.

S=당신의 감정을 나눠라 Share Your Emotion

종종 이야기가 성공을 막는 이유는 우리가 그 이야기를 숨겨 놓기 때문이다. 심바는 다른 사람들과 소통하지 않으면서 자신의 죄책감과 자기 원망을 더욱 키웠다. 감정을 부인한다고 고통은 사라지지 않고 당신을 잡고 있는 힘이 약해지지 않는다.

당신의 이야기를 바꾸는 첫 번째 단계는 감정을 나누는 것이다. 걱정하지 말라는 의미의 '하쿠나 마타타'는 심바에게 별 도움이 되지 않았다. 이 말로 심바는 편한 가면을 쓰고 그 뒤에서 숨어 있었다.

사회에서 우리는 종종 감정을 무시하고 느낌을 중요하지 않게 여긴다. 남자아이들은 울면 안 된다고 배우고 어른들은 처방된 약을 먹으면서 자신의 느낌을 무디게 하여 감정을 표현하지 않는다.

감정은 우리를 사람으로 만들어 주는 주요한 자질 중 하나이다. 그 감정을 숨 막히게 하면 당신의 작은 이야기만 더욱 힘을 키울 뿐이다. 서로 감정을 나누면 당신의 목소리를 다시 찾고 내면에 있는 더욱 큰 이야기도 다시 찾을 수 있게 된다.

T=내면 깊게 여행하라 Travel Deep Inside

대부분의 사람들은 내면을 들여다보고 싶어 하지 않는다. 심바도 물론 그랬다. 더 큰 이야기를 무시하면서 후회의 고통이 강하게 느껴지지 않는다고 생각했다. 그러나 사실은 그렇지 않다.

심바는 자신의 더 큰 이야기를 영원히 무시할 수 없다는 것을 알았다. 도망간다고 해도 문제나 고통에서 벗어날 수는 없었다. 라피키는 심바를 어두운 심연의 정글로 데리고 갔고 그를 고통의 지점에 다다르게 했다. 내면으로 여행하면서 상태가 더욱 악화되었다. 비록 짧은 여정이었지만 그래도 쉽지는 않았다. 나뭇가지가 그의 얼굴을 할퀴었고 나무 덤불은 그의 다리를 넘어뜨렸다. 한 번도 가 보지 못한 영역이 처음에는 두렵게 느껴졌으나 내면의 여행을 더 이상 통제할 수 없었다. 이는 변화에 있어 필수 요소다. 성장은 우리가 편안하고 잘 알고 있는 영역 너머로 더 넘어갈 때 일어난다. 심바는 그 영역을 벗어날 때의 고통을 즐기지는 못했지만 작은 이야기의 고통보다는 훨씬 괜찮았다.

O=비난하는 사람들을 극복하라 Overcome the Accusers

우리처럼 심바도 외부와 내부에서 비난을 들었다. 스카가 독설을 시작했지만 심바는 싸움을 끝냈다. 심바는 스카로부터 떠났을 수 있지만 그의 머릿속 목소리에서는 벗어날 수 없었다. 라피키가 이를 알고 있었기에 심바를 끝까지 밀고 갔다. 연못을 거울로 삼아 심바가 자신의 모습을 볼 수 있도록 했다. 그러나 심바는 자신감과 수용하는 마음을 보기보다 모멸감과 실망감을 볼 뿐이었다.

건강한 자기 이미지의 중요성을 안 라피키는 심바에게 다시 보라고 한다. 그리고 더 깊게 들여다보며 심바는 위대한 무언가를 보게 된다.

그들이 신랄한 비난을 하도록 허용할 때 당신은 비로소 적들을 극복할 수 있다. 당신의 힘은 그들의 공격에도 불구하고 그대로 물러서지 않고 서 있을 때 생긴다. 전쟁에 한 걸음씩 다가가면 당신은 결국 전쟁을 이기게 된다.

R=진실을 기억하라 Remember the Truth

내가 존경하던 선생님께서 "진리가 너희들을 자유롭게 할 것이다."라고 말씀하셨다. 그는 2,000년 전 거짓말에 묶여 노예가 된 사람들을 이렇게 말했다. 그들의 편견은 진실을 볼 수 없도록 했고 자유를 경험하지 못하게 했다고.

거짓말은 종종 이렇게 속박한다. 당신의 가능성과 잠재력을 볼 수 없도록 한다. 당신이 안전하게만 가도록 하고 작아지게만 한다. 당신의 이름을 부르는 더 큰 이야기를 잊어버리게 한다.

심바는 이를 먼저 경험했다. 진실을 이야기해 주는 조언자가 나타나서 그를 흔들어 깨워 주어야 했다. 무파사는 아들에게 직접 이렇게 말했다.

"너는 자신이 누구인지 잊었고, 그로 인해 나도 잊었다."

그는 진실을 기억할 수 있도록 했다.

"너는 나의 아들이고 유일하고 진정한 왕이다. 자신이 누구인지 기억해라."

이 진실은 심바가 두려움에서 벗어날 수 있도록 했고 그의 미래를 향해 해방될 수 있도록 했다. 진실은 그에게 다시 찾아온 열정과 목적이 있는 삶을 만나게 했다.

당신은 자신의 진실과 대면해야 한다. 진실을 이야기해 주는 조언자가 당신을 흔들고 깨워 주어야 한다. 누군가 당신에게 말한다.

"당신은 지금까지 살아온 모습 그 이상이다. 자신이 누구인지 기억해라."

지금이 당신의 순간이다. 수많은 사람들은 당신이 기다려 온 것을 통과하기를 기다리고 있다. 이젠 당신의 열정과 목적 있는 삶을 다시 찾을 시간이다.

Y=누구에게도 양보하지 마라Yield for No One

더 큰 이야기를 다시 찾는다는 것은 스카를 대면한다는 의미였다. 심바는 어느 정도 두려움을 느꼈지만 티를 내지는 않았다. 그에게 가장 어려운 작업은 이미 진행되고 있었다. 항상 가장 어려운 작업은 외부가 아닌 내면에서 한다.

심바는 그의 감정을 나누었다. 내면으로 깊게 여행했다. 그를 비난하는 이들을 극복했다. 그리고 진실을 기억했다.

그는 이제 완전히 다른 사자가 되었다. 그는 자신의 이야기를 바꾸어 자신을 변화시켰다. 마지막 남은 일은 왕좌를 다시 찾는 것이었다.

그러기 위해 그는 스카를 포함한 그 어떤 이에게도 항복하지 않아야 했다.

스카는 싸우지 않고는 물러서려 하지 않았다. 그는 심바의 입을 다물게 하고 패배시키기 위해 다른 전술을 시도해 보았다. 우선 과거에 먹혔던 방법을 사용했다. 후회하게 하고 자기 탓으로 돌리게 했다. 그의 친구들과 사랑하는 이들 앞에서 스카는 심바가 자신의 아버지를 죽였다고 인정하게 만들려고 했다.

그러나 놀랍게도 심바는 자기 위치를 지켰다. 그는 예전의 실수를 고백했고 다른 이들이 어떻게 반응할지 우려하지 않았다. 그가 믿는 진실을 인정할 준비가 되어 있었다. 과거였다면 그는 도망갔을 것이다. 그러나 더 큰 이야기에서 스카의 방법은 먹히지 않았다.

그 결과 스카는 폭력을 사용하게 되었다. 그리고 싸우다가 애원하기도 했다. 그는 결국 속임수를 썼다. 심바의 얼굴에 뜨거운 석탄을 던졌다. 그들의 격투 중에 진실이 수면 위로 떠올랐다. 스카가 자신이 살인자라는 것을 인정한 것이다. 그가 무파사를 죽여서 왕좌를 차지하려 했다고 했다.

진실이 드러나는 순간 심바에게 용기가 충전되었다. 스카의 시대는 끝났다. 힘을 사용해 심바는 스카를 절벽 아래로 떨어지게 했고, 그와 함께 수년 동안 그를 따라다니던 작은 이야기도 내려갔다.

더 높은 삶에는 더 큰 이야기가 필요하다

당신은 자신에게 하는 이야기 그 이상이다. 당신이 아직 숨을 쉬고 있는 한 더 큰 이야기를 받아들일 기회가 있다. 모든 건 5가지 단계를 따라가면 시작된다. 다음은 시작하는 데 도움을 줄 방법과 질문이다.

당신의 감정을 나눠라

자유롭게 일기를 쓴다. 그걸 보고 이렇다 저렇다 하지 않는다. 자신의 생각을 적는다. 그에 대해 깊게 분석하지 않는다. 질문을 한다. 하늘을 향해 소리친다. 당신을 표현한다. 감정의 지점을 확인한다. 어디서 온 건지 추적한다.

분노가 있는가? 만약 그렇다면 당신의 막힌 목표는 무엇인가?

슬픔이 있는가? 만약 그렇다면 당신은 무엇을 잃었는가?

후회가 있는가? 만약 그렇다면 어떤 기회를 지나쳤는가?

내면 깊이 여행하라

모험과 내면의 여정을 위해 준비한다. 나뭇가지에 긁히고 다칠 수도 있다. 나무 덩굴에 걸려 넘어질 수도 있다. 한 번도 가 보지 못한 영역은 처음에는 두렵게 느껴질 수 있으나 용기를 가져라. 당신은 성장하고 있다.

당신의 더 큰 이야기를 회피한 비용은 얼마나 되는가?

무엇이 당신을 움직이게 하고 동기 부여를 해 주는가?

당신은 무엇으로부터 달려가는가?

비난하는 사람들을 극복하라

당신에게는 적이 있는가? 좋다! 그건 삶에서 무언가를 위해 자신의 입장을 나타냈다는 의미이다. 당신을 비난하는 사람들이 있는가? 좋다! 사람들은 위협이 되지 않을 만한 사람은 공격하지 않는다.

싫어하는 사람들이 독설을 퍼붓기 시작할 수 있으나 당신은 그 싸움을 끝내야 한다. 당신은 머리에서 말하는 목소리에서 벗어나야 한다. 전쟁에 한 발 더 가까이 가서 이기도록 한다. 그들의 거짓말을 당신의 진정한 운명으로 맞바꿔 주도록 한다.

이제는 당신의 한계에 다다를 때가 되었다.

이제는 건강한 자신의 이미지를 받아들일 때가 되었다.

이제는 더 깊게 보고 더 위대한 무언가를 볼 때다.

진실을 기억하라

거짓은 당신을 눈멀게 한다. 진실은 당신을 자유롭게 한다. 자신의 편견으로 진실을 볼 수 없고 자유를 누리지 못하게 해서는 안 된다. 당신의 가능성과 잠재력을 보지 못하면 안 된다.

당신이 누구인지 잊으면 안 된다.

당신의 더 큰 이야기를 기억한다.

당신이 되어야 할 그 사람이 되도록 한다.

누구에게도 양보하지 마라

자신의 입지를 지키도록 준비한다. 남들이 탓을 하고 모멸감을 주게 될 때를 대비한다. 자신이 저지른 과거의 실수를 고백하도록 한다. 과거에는 도망갔을 수 있으나 더 큰 이야기 속에서 무관심은 살아남을 수 없다.

누구에게도 양보하지 않는다. 그들이 싸우려고 할 수도 있다.

누구에게도 양보하지 않는다. 그들이 간청할 수도 있다.

누구에게도 양보하지 않는다. 그들이 속일 수도 있다.

베니스에서 임신한 상태로 비를 맞다

'당신의 이야기를 바꿔라(STEP 4)'는 물론이고 이 역시도 운명과 유산에 관한 서사적인 상황에 관련된다. 일상적인 예를 들어 베니스에서 길을 잃은 경우와 같은 상황에서도 적용된다.

내 아내 메건이 임신 5개월이었을 당시다. 호텔을 찾을 수가 없었다. 상황은 더 나빠져 비까지 내리기 시작했다. 바퀴 달린 가방도 쉽게 도와주지는 못했다. 홀딱 젖은 채로 길을 오르내리면서 당황함은 커져 갔다.

그 상황에서 나는 계속해서 좋지 않은 이야기만 되풀이했다. 상황이 나를 그렇게 몰아갔다. 나의 형편없는 태도는 형편없는 날씨를 그대로 따라 했다. 우리의 베니스 여행은 굿은 날씨와 불평하는 나의 태도로 제대로 망칠 뻔했다.

다행히 나는 내가 뭐 하고 있는지 바라보게 되었다. 그리고 나 자신을 바꾸고 싶으면 내 이야기를 바꾸어야 한다는 것도 알았다.

그때 위를 올려다보았고 예쁜 빵집을 발견했다. 메건이 앞장섰고 젖은 몸을 말리려 안으로 들어섰다. 친절한 빵집 주인은 호텔로 가는 길을 상세히 알려 주었다. 몇 분도 되지 않아서 우리의 작은 오아시스를 발견했고 비에서 완전히 벗어날 수 있었다.

주린 배를 더 이상 참을 수 없게 되어 시계를 보았다. 남부 유럽 사람들은 8시가 되어야 저녁 먹는다. 8시가 되려면 멀었고 우리는 다른 방안이 없었다. 줄곧 비를 맞고 걸어온 탓에 배가 고파 죽을 지경이었기에 우리는 호텔방에 비치된 미니바를 털었다. 최고급 이태리식 음식은 전혀 아니었다. 프링글스 과자와 땅콩으로 배를 채웠다. 경황이 없었던 우리는 싱겁게 웃기 시작했다. 앞에 있는 스낵을 정신없이 먹으며 마구 웃었다.

아직까지도 그때를 생각하면서 껄껄대며 웃는다. 별 생각이 없었더라면 춥고 비 오는 저녁에 고생했었던 생각만으로 작은 이야기에서 빠져 있을 수도 있었다. 그러나 우리는 그 우울한 이야기를 더 큰 이야기로 맞바꾸었다. 그 베니스 여행은 지금도 내 기억에 남는 추억의 여행 순위에 들어간다.

집에 오기 전, 길을 가르쳐 주었던 예쁜 빵집에 다시 들렀었다. 둘이서 정말 맛이 기막힌 마카롱 과자를 먹었다. 돌아보니 그날 저녁 비가 그렇게 많이 오지 않았다면 그 빵집을 찾아서 들어가 보지도 못했을 것이고, 살살 녹는 마카롱 과자 맛을 보지도 못했을 것이다.

때로는 그렇게 맛 좋은 이야기가 당신이 생각하지도 못한 곳에서 탄생한다.

☐ 나는 내 운명의 딜러이기에 그냥 그렇게 나아가지 못한 채 있지 않는다.

☐ 자기 이미지를 다시 설정하여 더 많은 사람들을 섬길 수 있도록 한다.

☐ 나의 이야기를 먼저 바꿈으로써 나 자신을 바꾼다.

☐ 나의 더 큰 이야기로부터 도망가지 않는다. 왜냐하면 진정한 부름을 받아들였기 때문이다.

☐ 대충 그렇게 살아가는 사람들과는 어울리지 않는다. 왜냐하면 자신이 그런 사람이 되고 싶지 않기 때문이다.

☐ 나의 작은 이야기에 갇히지 않고 운명 같은 순간을 초대한다.

☐ 나의 감정을 나누기로 선택하고 내 목소리를 되찾았다.

☐ 나는 내면의 깊은 여행을 떠난다. 왜냐하면 도망가는 건 문제를 해결하거나 고통에서 자유롭게 해 주지 않기 때문이다.

☐ 나를 비난하는 사람들을 극복하고 더 이상 위협당하여 주눅 든 사람처럼 살지 않는다.

☐ 나는 진실을 기억하여 거짓말로 눈이 멀지 않도록 한다.

☐ 나를 싫어하는 사람들에게 항복하지 않고 그 대신 진정성을 가지고 살 수 있도록 한다.

☐ 장기적인 나의 이야기를 바꾸고 또한 소소한 일상도 중요하기에 매일매일의 이야기도 바꾼다.

일등석 기법

일등석의 힘을 절대로 의심하지 말라

매일매일 돈을 걱정하지 않고 살 수 있는 것이 얼마나 자유로운 느낌인지 모른다. 마치 커다란 쇠막대기가 어깨에서 내려진 것같이 느껴진다. 제퍼슨이 자신의 꿈을 포기하지 않아 매우 감사하다. 그는 나에게 높은 레벨에서 이기기 위해서는 놀라운 여정을 겪을 각오가 되어 있어야 한다는 걸 가르쳐 주었다.

- 스리니바스 B.

4년 전 제퍼슨 산토스는 새로운 벤처 사업에 대해 아내에게 코치해 주었고, 우리에게 가까운 자기 계발 세미나에 가 보라고 권유했다. 처음에는 세미나 비용과 시간을 보고는 말도 안 된다고 생각했다.

나는 그 당시 가난한 마인드 상태였다. 제퍼슨은 자신이 사는 라이프 스타일을 원하냐고 물었다. 그리고 나서 만일 대답이 긍정이라면 자신이 한 것처럼 세미나에 참석해야 한다고도 했다.

그가 우리의 제한된 믿음을 더 확장할 수 있도록 밀어붙여 준 것을 하느님께 감사드린다. 결국 주말이 되어 세미나에 참석했다. 세미나는 우리 삶과 비즈니스의 전환점이 되었다. 3개월 후 내 아내는 회사를 나올 수 있었고 이제 우리 둘 다 열정적으로 살 수 있는 라이프 스타일을 누리게 되었다.

삶에는 늘 어려움이 있었지만 제퍼슨은 그럴 때마다 항상 일등석 마음가짐을 유지하면 무엇이든 가능하다는 것을 잊지 말라고 가르쳐 주었다. 그가 우리 삶에 미친 영향은 뭐라 말로 표현할 수 없을 정도다. 그는 위대한 귀감이자 진정한 친구이며 현명한 멘토다.

- 다니엘 R.

나는 어릴 적부터 비행기를 좋아했다. 어떤 친구들은 1960년대 사이키델릭 록 밴드인 제퍼슨 에어 플레인이라는 그룹 때문에 비행기를 좋아할 수밖에 없는 운명이라고도 했다. 비록 이름은 같지만 날아다니는 걸 좋아하는 내 마음은 유명 록 밴드를 가릴 정도였다. 벨트를 잘 매시라. 준비되면 그 이야기를 들려주겠다.

난생 처음 이륙하다

맨 처음 비행기 탔을 때를 선명하게 기억한다. 모든 것이 흥미로웠다. 이륙하기 전 산소 호흡기를 쓰는 거나 구명조끼를 입는 설명도 재미있었다. 나는 신나서 승무원이 전해 주는 음료와 스낵도 다 먹어치웠다. 아, 비행기 화장실도 신기했었다(물을 내리면 '그것'들은 다 어디로 가는 거지?).

아이에게 이와 같은 질문이나 내용은 비행의 신비로움을 더해 준다.

또한 안전벨트를 매고 시간당 500마일을 날아간다는 것도 믿기지 않는다. 자동차로는 며칠이나 걸려야 할 거리를 몇 시간이면 도착할 수 있다는 게 아직도 신기하다.

그렇다. 비행기에 발을 내딛은 순간부터 나는 매료되었다.

지금 내 사무실에는 109대의 모형 항공기가 책장에 전시되어 있다. 전투기, 제트기, 프로펠러기 등 모든 종류를 가지고 있다. 아마도 구름 위의 삶은 일등석에 탔을 때 놀라는 것과 같은 시각적인 장치가 필요한 듯하다.

숙련도의 네 가지 단계

우습게 들릴지 모르겠으나 비행기 여행을 하는 첫 몇 년간은 일등석이 있는 줄도 몰랐다.

이 세계를 잘 몰랐기에 나는 친절한 하늘에 대해 몇 가지를 배워야 했다. 초기에는 다른 세계를 전혀 알지 못한 채 비행기에 올라탔다. 잘 몰랐던 터라 비행기 앞쪽에 앉은 사람들은 일찍 와서 앞자리를 차지하는 줄 알았다. 이 단계에서 나는 심리학자들이 말하는 무의적 무능 상태였다. 나는 내가 무엇을 모르는지도 몰랐기 때문에 다른 걸 알 수도 없었다.

결국 나는 일등석에 대해 알게 되었다. 어느 날 비행기 옆자리에 앉은 여인 덕분이었다.

그녀는 비행기에서 받는 특별한 혜택에 대해 말해 주었다. 그녀가 말하기를 일등석 고객은 럭셔리, 공간, 안락함, 서비스, 사생활도 보호된다고 했다. 조금 검색해 보니 일등석도 항공사나 비행기 기종에 따라서 그 경험이 다르다는 걸 알 수 있었다.

보잉 747을 예로 들면 일등석에는 뒤로 젖혀지는 커다란 의자가 있고 사적인 공간처럼 칸막이가 되어 있으며 벽에는 TV가 걸려 있다. 더욱 장기 운항을 하는 비행기에는 5성급 호텔에서 제공되는 미니바와 같은 서비스도 제공된다.

최근 일부 항공사는 일등석을 스위트룸처럼 변신시켰다. 싱가포르 항공은 플러시 매트리스를 제공하여 승객들이 편안하게 침대에 누워서 갈 수 있게 했다. 중앙에 있는 스위트 좌석은 중간에 칸막이 블라인드를 천장으로 올리면 더블베드처럼 만들 수 있다. 매우 괜찮다.

일등석에 대해 알게 된 후부터 무언가가 바뀌었다. 심리학자들이 말하는 의식적 무능 상태가 되었다. 이 단계에서는 더 아는 것이 많아졌다. 내가 부족한 게 무엇인지를 알게 되었다. 쉽지는 않았다.

그리고 타 보고 싶어졌다. 이때까지만 해도 비즈니스석이나 이코노미석만 탔었다. 내가 어머니의 아파트에서 살던 당시, 그러니까 우편함에 날아오는 청구서 압박에 눌리던 시절에는 일등석이 불가능한 꿈처럼 보였다. 비행기에 타서 천천히 그 옆을 지나간다. 그러면서 '저기에 앉으면 어떤 느낌일까?' 하고 궁금했었다.

다리를 뻗을 공간이 훨씬 더 크고 사생활이 보호되며 안락해 보였다. 그러나 무언가 다른 게 더 있을 것 같았다. 일등석 마음가짐이라고 부를 수도 있겠다. 그 당시 설명할 수는 없었으나 아직 나에게 없는 것이라는 건 알았다.

비행을 사랑하는 팬으로서 파란 하늘을 멋지게 경험하고 싶었다. 일등석은 그런 갈망을 충족시켜 주는 가장 빠른 길 같아 보였고, 더 높은 삶을 디자인하면서 그와 같은 염원이 현실이 되었다.

처음으로 일등석을 예약하던 순간을 기억한다. 유년 시절 비행기를 처음 탔을 때와 똑같은 흥분을 느꼈다. 나는 매순간을 즐겼다. 특히 안락한 의자를 젖혔을 때 그랬다. 단순한 다른 위치 이상의 더 높은 레벨을 느끼게 해 주었다.

이 단계에서는 심리학자들이 말하는 의식적 능력 상태였다. 나는 새로운 경험을 인식하게 되었다.

내가 변했다고 할 수 있을지 모르나 이젠 어쩌다가 한 번 일등석을 타지 않는다. 그것만 탄다. (자랑하자고 말하는 것은 절대로 아니다. 그러나 목표를 이루는 것이 가능하다는 걸 생각나게 한다.)

이 단계에서는 심리학자들이 말하는 무의식적 능력 상태가 된다. 더 이상 일등석에 집착하지 않는다. 단지 나라는 사람의 한 부분이다. 이 새로운 단계에서조차 쉬운 것은 없다. 다만 일등석을 이루기 위해 의식적으로 노력하지 않아도 되는 상태가 될 뿐이다.

운동선수나 음악가가 어느 정도 수준에 도달하게 되면 그들을 보는 사람들은 재미있는 의견을 말한다. "저 사람한테는 쉽지. 타고났잖아."라고.

이런 말은 (감사하기는 하나) 잘 몰라서 하는 말이기도 하다. 물론 이들은 무의식적인 유능함을 보고는 그것을 칭찬해 준다. 그러나 모든 마스터들은 이런 상태로 시작하지 않았다. 그들은 심리학자들이 부르는 숙련도의 4단계 혹은 의식적 능력의 상태로 가는 학습 모델을 겪고 올라갔다.

숙련도의 4단계

1. 무의식적인 무능력
2. 의식적인 무능력
3. 의식적인 능력
4. 무의식적인 능력

모든 사람들은 다양한 분야에서 무의식적인 능력을 갖게 된다. 그러나 무의식적인 무능력의 상태도 오게 된다는 걸 알아야 한다. 장점은 삶의 모든 것에 이 단계를 적용할 수 있다는 것이다. 한 예로 자동차 운전하기가 있다.

운전자 교육은 좋다

내 아들 해리슨은 아직 자동차를 운전할 줄 모른다. 그건 좋은 일이다. 아직 두 살도 채 되지 않았기 때문이다. 메건과 내가 차를 운전할 때에는 카시트에 앉아 있는다. 해리슨은 차가 움직일 때를 좋아하지만 언젠가는 자신도 자동차를 운전할 날이 온다는 걸 모른다. 숙련도 모델에서 아이는 무의식적인 무능 상태이다.

나보다 선배인 부모들이 말하기를 아이는 금방 십 대가 된다고 한다. 그러면 법적으로는 아직 차를 운전하지 못한다는 걸 알게 된다. 좋든 싫든 이 단계에서 그는 의식적인 무능력 상태가 된다.

몇 년 후면 운전면허 교육을 받을 나이가 될 것이다. 규칙에 대해 배우게 되고 법정 준수 교육 시간을 마친 후 운전대를 바로 잡는 법, 즉 '9 대 3'도 배우게 될 것이다. 교통부에서 운전면허 자격에 합당하다고 여길 경우 해리슨은 의식적 능력 상태에 다다른다. 운전대를 잡고 충분한 시간을 들이면 대부분의 운전하는 사람들의 상태가 되는 것이다. 그는 의식적으로 생각하지 않고 차도로 달리게 된다. 반사 신경을 이용하면 눈으로 후방 거울을 보면서 사이드 미러도 동시에 확인할 수 있을 것이고, 핸즈프리 장비를 이용하여 휴대 전화로 통화도 할 것이다.

해리슨은 숙련도의 네 가지 단계를 모두 경험하게 된다. 그 결과 도로에서도 안전한 운전이 가능해지며 그가 가고 싶어 하는 도착지까지 안전하게 도달하게 된다.

숙련도의 네 가지 단계는 다음과 같다.

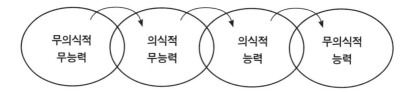

당신은 아웃라이어인가?

무의식적 능력은 말은 쉽다. 특히 필요한 시간을 들여 노력한 이들에게는 많은 부분에서 그래야만 한다.

『아웃라이어』의 작가 말콤 글래드웰은 '만 시간의 법칙'에 대해 말한다. 엔더스 에릭슨 박사의 연구 결과에 기반한 논리이다. 글래드웰은 어떤 분야에서도 뛰어난 성공을 거두기 위한 주요 요소에 대해 설명한다. 그는 음악, 기술, 글쓰기 등의 예를 들면서 아웃라이어가 되기 위해 특정한 일에 만 시간 이상의 연습이 필요하다고 말한다.

각 분야의 예를 살펴보자.

음악

예: 비틀즈

비틀즈는 1960년부터 1964년까지 독일 함부르크에서 1,200번의 공연을 가졌다. 이로 인해 만 시간을 채웠다(1,200번의 공연을 위한 연습으로 수천 시간이 소요되었다). 글래드웰은 비틀즈가 공연에 소요한 시간이 그들의 재능을 키워 주었다고 주장한다. 그리고 비틀즈의 전기 작가 필립 노먼의 말을 인용하며 이렇게 말했다. "그들이 독일 함부르크에서 영국으로 돌아올 때쯤 그들의 음악은 최고였다. 그렇게 최고로 만들어졌다."라고.

기술

예: 빌 게이츠

게이츠는 13살이 되던 1968년, 고등학교에서 컴퓨터를 이용하게 되면서 만 시간 동안 프로그래밍과 관련한 재능을 키웠다. 『아웃라이어』에서 글래드웰은 게이츠를 인터뷰한다. 그는 컴퓨터가 많이 보급되기 전에 컴퓨터를 접하게 되면서 성공할 수 있었다고 했다. 그때 컴퓨터를 접하지 않았더라면 게이츠는 '매우 명석하게 목표를 향해 달리고 사람들이 좋아하는 성공한 직업'을 가진 사람이었을지언정 500억 불의 가치가 있는 사람은 되지 못했을 것이다.

글쓰기

예: 말콤 글래드웰

작가 자신은 10년이 걸려서야 만 시간을 채울 수 있었다고 고백한다. 그 시간에는 아메리칸 스펙테이터와 그 이후 워싱턴 포스트에서 근무한 시간들도 포함된다. 글래드웰은 (자신의 책에는 언급하지 않지만) 가장 영향력 있는 100인에 선정되기도 하였다. 그의 책 『티핑 포인트』, 『블링크』, 『아웃라이어』 모두 《뉴욕 타임스》 베스트셀러로 올랐다.

일등석 삶에서 아웃라이어 되기

운전을 하거나 음악을 연주할 때, 그리고 컴퓨터 작업을 할 때와 글을 쓸 때 아웃라이어가 되는 것도 중요하다. 그러나 일등석 삶에서 아웃라이어가 되는 건 완전히 다른 차원의 문제이다. 전자는 그 분야에서 성공한 사람이 된다. 후자는 성공과 의미를 부여한다. 더 높은 삶을 디자인하는 여행가는 두 가지 모두를 이루게 된다.

일등석 방법

일등석 삶의 아웃라이어가 되기 위해, 그리고 성공의 의미를 모두 경험하기 위해서는 일등석 방법을 시행해야 한다. 이를 활용하면 당신은 다음에 답할 수 있게 된다.

- THE WHAT — 일등석 삶이 무엇인지를 정의한다.
- THE WHY — 왜 일등석 삶에 참여해야 하는지 판단한다.

- THE HOW — 어떻게 일등석 삶에 참여하는지 발견한다.

일등석 삶을 이루기 위한 방법을 더욱 깊이 열어 보자.

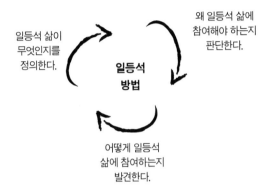

일등석 삶이
무엇인지를
정의한다.

왜 일등석 삶에
참여해야 하는지
판단한다.

**일등석
방법**

어떻게 일등석
삶에 참여하는지
발견한다.

WHAT을 정의한다: 일등석 삶이 무엇인가?

우리 회사에서는 종종 삶의 예술에서 마스터가 되는 목표에 대해 말한다. 나의 멘토 웨인 뉴전트가 이 개념을 설명해 주었다. 그는 이 주제에 대해 책을 쓸 정도였다. 처음 이 이야기를 들었을 때 나는 흥분했다.

과거에 일등석 삶에 대해 아는 것이라는 비행기 좌석뿐이었다. 직감적으로 단순히 비행기에서 어느 자리에 앉는가 하는 것 이상의 의미가 있다고 생각했다.

좀 더 깊게 공부해 보니 '삶의 예술 마스터'라는 말은 L. P. 잭스라는 작가가 먼저 사용했다는 걸 알게 되었다. 그는 이 말을 다음과 같이 정의했다.

"삶의 예술 마스터는 일과 놀이 사이에 큰 차이를 두지 않는다. 일과 여가, 마인드와 몸, 교육과 오락에는 별 차이가 없다. 그는 더 이상 이 둘을 구분하지 않는다. 무엇이든 최고의 경지에 오르기 위해 노력한다. 그리고 그의 작업이 일이었는지 놀이였는지는 다른 사람이 판단하도록 한다. 일을 하든 놀이를 하든 그 자신은 두 가지 모두를 한다고 느낀다."

그가 활용한 말의 뉘앙스를 보자. 개인적으로 각 문장의 깊이를 느껴 보면 영감적이고 교육적인 교훈을 발견하게 된다. 일부 생각은 다음과 같다. 자신의 생각을 기록해 보도록 한다. 가장 중요한 생각들은 다음과 같다.

별 차이가 없다 — 벽이나 가면이 없는 통합된 삶을 상상해 본다.
일과 놀이 사이에 — '해야만 하는' 것은 여기서 없다.
마인드와 몸 — 건강은 총체적인 것이지, 부분적으로 쪼개질 수가 없다.
교육과 오락 — 휴가는 잊어라. 배움은 평생 작업이다.
더 이상 이 둘을 구분하지 않는다 — 더 이상 어느 범주에 속하는지 나눌 필요가 없다. 혼란스러울 필요도 없다.
최고의 경지에 오르기 위해 노력한다 — 노동은 없애고 사랑을 경험한다.
무엇이든 — 삶은 당신이 몰두하기에 의미 있어진다.
다른 사람이 판단하도록 한다 — 자기 평가가 더욱 중요하다. 다른 이를 기분 좋게 해 주려는 의도는 의미가 없다.

일을 하든 놀이를 하든 — 완전히 정합된 사람은 읽어내지 못한다.

그 자신은 — 당신은 당신이라고 불리는 쿨하고 작은 회사의 CEO 이다.

두 가지 모두를 한다고 느낀다 — 삶의 예술 마스터는 현재에 온 전히 있다.

'삶의 예술 마스터'에 대한 당신의 생각을 아래에 적어 본다.

_____

_____

_____

_____

_____

_____

_____

_____

_____

_____

_____

_____

_____

_____

_____

WHY를 분별한다: 일등석 삶에 동참해야 하는 이유

일등석 삶에 동참하면 이점이 있다.

비행기의 일등석에 앉으면 럭셔리, 서비스, 개인 공간을 제공받는다. 물론 이런 혜택을 받으면 여행의 경험도 좋아진다.

삶의 일등석에 앉으면 더욱 나은 보상을 받는다. 삶의 전체가 더욱 향상된다. 이렇게 받는 혜택을 '일등석 5'라고 부른다.

일등석 5

---

1. 연결
2. 조언
3. 명료함
4. 능력, 자격
5. 자신감

각각의 혜택을 이해하면 일등석 삶에 동참해야 하는 이유를 알 수 있게 된다. 그러나 공평함에 너무 많은 가치를 부여하는 사람이라면 일부 혜택이 거슬릴 수도 있다는 걸 미리 알린다.

나도 처음에 일등석 혜택에 대해 들었을 때 공평하다는 생각이 들지 않았다. 하지만 '공평하다'의 주제를 두고 생각해 보니 삶의 대부분은 이미 공평하지 않았다. 그러므로 지금은 공평하다 아니다의 판단은 잠시 접어 두기를 권한다.

사회는 공평함에 가치를 두라고 가르쳤다(그것은 좋은 것이다). 그러나 공평함을 논하려면 적정한 상태도 필요하다.

일부만 하버드에 들어가는 것은 공평하지 않다.

모든 사람들이 미식축구 리그 NFL에서 경기를 할 수 없는 것은 공평하지 않다.

일부 사람들이 좋은 식당에 가지 못하는 것은 공평하지 않다.

단어 맞추기 게임에서 한 사람만 이기도록 하는 것은 공평하지 않다.

모든 사람이 다 의대에 갈 수 없는 것은 공평하지 않다.

원하는 속도만큼 빨리 자동차를 운전할 수 없는 것은 공평하지 않다.

더 예를 들 수도 있겠지만 이쯤이면 무슨 말을 하려는지 알 것이다. 나도 공평함을 믿지만 공평하다는 것은 적정한 상황에서 비춰져야 한다고 본다. 그렇지 않으면 사회는 붕괴된다.

이와 같은 공평함의 시각에서 일등석 5를 살펴보도록 한다.

연결

꾸밈없이 말하겠다. 패배자가 되고 싶으면 패배자들과 어울려라. 반대로 승자가 되고 싶으면 승자들과 어울려라.

주변을 살펴보면 사람들은 비슷한 사람과 어울린다는 걸 알 수 있다. 연구 자료도 당신이 어울리는 사람들과 비슷해지는 걸 증명한다. 왜 그렇게 될 수밖에 없을까? 아래의 패턴을 검토하면 이해할 수 있다.

- 연결은 우정에 영향을 미친다.
- 우정은 대화에 영향을 미친다.
- 대화는 생각에 영향을 미친다.
- 생각은 행동에 영향을 미친다.
- 행동은 행실에 영향을 미친다.
- 행실은 결과에 영향을 미친다.

중요한 것은 다른 결과를 원하면 다른 연결을 해야 한다. 일등석에 합류하면 당신은 자연스럽게 다른 일등석 사람들과 연결된다.

《석세스》라는 잡지의 출판인인 대런 하디는 일등석 연결을 '높은 성취를 이루는 참고 그룹'이라고 불렀다. 그는 "인간은 우리가 참고하는 그룹의 기대나 성과에 맞추기 위해 자신의 성과를 높이거나 내린다."고 했다.

다시 말해서 일등석 아웃라이어들은 다른 일등석 아웃라이어들을 쫓아간다. 그렇다고 어떤 사람이 다른 사람들보다 더 가치 있다는 말은 아니다. 모든 사람들은 동등하게 만들어졌으나 모두 다른 결과를 얻는다. 거지든 대통령이든 매주 주어진 시간은 똑같다. 그럼에도 그 둘의 결과는 다르다.

1등급 연결은 1등급 결과에 더욱 가까이 가도록 끌어당긴다.

조언

"모사(模寫)가 많으면 평안을 누리느니라."라는 고대 격언이 있다. 분명히 조언을 받는 사람은 혜택도 많이 받는다. 그러나 모든 조언이 동등하지는 않다. 1등급 아웃라이어는 1등급 조언을 받는다. 이것도 불공평하게 보일 수 있지만 이런 아웃라이어들은 최고의 의사, 조언가, 코치, 전문가, 교육가를 고용할 수 있다.

또 아웃라이어는 더 특별한 이점이 있다. 그들의 인맥과 재원은 그들이 목표에 도달하도록 돕는 최고의 인재를 등용할 수 있기 때문이다. 이와 같은 조언은 최고의 관행, 방법, 연구, 전략을 활용하여 성공의 지름길을 타도록 한다.

간단히 말해서 성공한 사람들은 더욱 성공할 기회를 갖게 된다. 이와 같은 아웃라이어는 더욱 빨리 앞자리로 가게 된다.

명료함

일등석 아웃라이어는 다른 사람보다 재능이 더 많은 것도 아니고 두뇌가 더 좋은 것도 아니다. 그들은 다만 명료함이 있다. 인식이 높기에 그들은 다른 시각으로 볼 줄 안다.

예를 들어 경제가 하락하는 경우 대부분은 패닉 상태에 빠진다. 그러나 일등석 아웃라이어는 대개 침착하다. 왜냐하면 그들은 그 달에 번 돈을 그 달 경비로 내지 않기 때문이다. 그들은 경기 침체를 다르게 본다. 이와 같은 명료함으로 그들은 충동적인 결정보다 더욱 지능적인 결정을 하게 된다. 그들의 명료함은 더욱 창의적인 생각에 이르게 되고 소위 말하는 '위기' 상황에서 새로운 기회를 발견하게 된다. 이와 비슷하게 아웃라이어들은 그들의 수입을 다각화하기에 위험을 분산하고 그에 따르는 보상도 분산한다.

1등급 명료함은 어려운 때도 있지만 커다란 수익을 가져온다.

능력, 자격

일등석 아웃라이어들은 명료함이 있기에 자신의 강점이 무엇인지도 잘 알고 있다. 그들은 자신의 능력과 부족함을 매우 정확하게 알고 있다. 그렇기에 자신의 강점을 더욱 개발하고 취약한 점은 다른 사람에게 맡긴다.

비교해 보자. 다른 사람들은 자신이 가진 독특한 기술을 잘 알지 못한다. 자신이 분명하지 않기에 잠재적인 고객도 떨쳐 보낸다. 그 누구도 무능력해 보이는 사람에게 상품이나 서비스를 사려고 하지 않는다. 승자도 무능력자에게는 투자하지 않는다.

1등급 아웃라이어는 이와 반대다. 최고의 전략과 시스템을 통합하였기에 사람들은 이들에게 투자한다. 통합된 도구를 활용하여 더욱 높은 수준에서 수행하고 더욱 많은 사람들에게 영향력을 행사하게 된다. 1등급 능력은 당신 자신이 될 수 있도록 자유롭게 하고 당신의 진정한 가치를 반영하는 비용을 받게 한다.

자신감

일등석 아웃라이어는 자신감이 있다. 그들은 두 가지 중요한 사실을 안다. 시장에서의 가치와 약속을 이행할 수 있는 능력이 무엇인지다. 그로 인해 자신들이 믿는 것에 대해 소통한다. 이는 영향력을 높이고 효과와 수입을 늘리는 데 가장 중요한 요소이다. 일등석 아웃라이어들은 고객이 상품을 사기 훨씬 전에 그들이 이미 좋아할 것이라는 걸 안다.

이러한 자신감은 일시적인 신뢰만을 부여한다. 아웃라이어들은 현명하게 자신감을 내어 기대한 가치 이상을 제공한다. 더욱 더 현명한 것이 있다. 그들은 자신감과 거만함의 차이를 분명하게 보여 준다. 그 차이를 보자.

거만함은 "나를 봐. 나는 매우 특별해."고 자신감은 "날 믿어봐. 결과를 내 볼게."다. 또 거만함은 자신에게 초점이 맞춰져 있지만 자신감은 섬기는 데에 초점이 맞춰져 있다.

1등급 자신감은 신뢰할 만한 사람이라고 생각하게 한다.

HOW를 발견한다: 일등석 삶에 어떻게 동참하는가?

일등석 삶이 어떤 것인지 알게 되었고 왜 동참해야 하는지도 알게 되었다. 이제는 어떻게 동참할 수 있는지 발견할 차례다.

비행기에서는 돈을 조금만 더 내면 일등석을 이용할 수 있다. 그러나 구글을 통해 검색해 보면 재미있는 기사를 보게 된다. '일등석으로 업그레이드하는 방법'이라는 글은 일등석에 입성하는 18가지 방법을 알려 준다. 일부는 도움이 된다. 말도 안 되는 방법도 있다. 아래를 읽어 보면 이 과정에도 필요한 요점이 있다.

1. 돈을 내고 업그레이드를 한다.

2. 자주 비행기를 탄다.

3. 공항의 키오스크에서 체크인을 한다.

4. 일찍 체크인한다.

5. 올려 보내진다.

6. 할인 티켓을 구한다.

7. 장기적으로 계획한다.

8. 항공사에 직접 예약한다.

9. 이코노미석을 할인받지 않고 구입한 뒤 일등석 자리를 달라고 한다.

10. 찾아다닌다.

11. 여행사에 부킹한다.

12. 마일리지 중개인을 활용한다.

13. 티켓 안내인에게 정중하게 요청한다.

14. 제휴 항공사로 인해 늦었다면 항공사에게 알리도록 한다.

15. 당신이 여행사라면 IATA나 ARC ID를 보여 준다.

16. 빈자리가 보이면 승무원에게 업그레이드를 요청한다.

17. 담당 항공사 직원과 정기적으로 친해지도록 한다.

18. 일등석을 타는 사람처럼 보인다.

일등석 삶이 18번과 같이 일등석 타는 사람처럼 보인다거나 17번처럼 담당 항공사 직원과 정기적으로 친해지면 되는 쉬운 일이었으면 좋겠다.

하지만 안타깝게도 위의 말처럼 그렇게 간단하지는 않다. 삶의 일등석에 동참하는 것은 돈 외에도 필요한 것들이 있다. 위에 기사에서 '돈을 내고 업그레이드를 한다.'에는 동의한다. 여기 기사도 있다.

"이 방법은 가장 쉽고 확실하게 업그레이드를 할 수 있는 방법이다. 또 그 항공을 자주 타고 엘리트 등급에 들어가지 못했을 경우 일등석의 혜택을 받을 수 있는 가장 비싼 방법이기도 하다."

일등석 삶에 동참하는 유일한 방법은 돈을 내고 업그레이드하는 것이라고 생각한다. 여기선 단순하게 돈(현금)을 내는 것 이상을 말한다. 업그레이드를 하려면 노력이 필요하다. 수입만으로는 어렵다. 일등석으로 업그레이드하려면 당신의 마인드, 몸, 영혼에 투자를 해야 한다. 다시 말해서 총체적인 업그레이드 의지가 필요하다. 각각에 필요한 요소를 자세히 살펴보도록 하자.

마인드

업그레이드는 한 이벤트로 되는 것이 아니라 과정이다. 두 가지는 완전히 다른 결과를 낳는다.

- 이벤트는 동기를 부여한다.
- 과정은 성숙하게 한다.

일등석에 동참하는 것은 당신이 무엇을 하는가보다 당신이 어떤 사람이 되는가에 더 가깝다. 작가 제임스 알렌은 50년 전에 고전이 된 서적『생각하는 대로』에서 다음과 같이 말했다.

"모든 사람은 존재의 법칙에 의해 지금의 그 자리에 있다. 그의 성격 형성에 영향을 미친 생각이 그 자리로 데려다주었다. 삶을 조율할 때 우연의 요소는 없다. 모든 것은 잘못될 수 없는 법칙의 결과다."

앨런은 제목에 내가 좋아하는 책의 격언을 인용했다. 그 격언은 '생각하는 대로 그는 그렇게 된다.'는 것이었다.

당신의 생각은 당신이 누구인지를 형성한다. 이와 같은 진실로 인해 우리 팀원들은 그들이 무엇을 소비하는지를 살펴보기 권한다. 미디어 목록이라고 부르는 몇 가지 간단한 질문을 해 보도록 하겠다.

- 당신은 무엇을 소비하는가?
- 이 내용은 성장하는 데 도움을 주는가?
- 이 내용은 당신이 일등석으로 이동할 수 있도록 고안되었는가?

당신의 미디어가 높은 수준이라면 업그레이드는 분명히 일어난다. 그러나 그렇지 않다면 당신이 원하는 것보다 더 오래 이코노미석에 머물러 있게 된다.

몸

사람들은 종종 그들의 삶에서 건강을 따로 생각하는데 나는 이를 보면서 항상 놀란다. 당신의 몸은 당신이 어디서 무엇을 하든 따라간다. 당신이 건강하다면 당신의 일, 놀이, 우정 모두에 건강함이 넘친다. 이와 마찬가지로 당신이 건강하지 않다면 다른 모든 부분도 건강하지 않게 된다.

어떻게 먹는지, 어떻게 운동하는지, 어떻게 자는지는 직접적으로 당신의 에너지 레벨에 영향을 미친다. 에너지가 낮으면 도움이 되지 않는다. 왜냐하면 일등석 삶과 피곤함은 잘 믹스가 되지 않는다.

만일 건강하지 않다면 업그레이드가 꼭 필요하다. 몸이 보내는 신호를 듣지 않으면 결국 밀리게 된다.

영혼

당신은 단순한 살과 뼈가 아닌 그 이상이다. 당신은 독특한 가치가 있는 존재다. 당신에게는 자신만의 성격과 운명이 있다. 이와 같은 부름에 따르거나 부인하는 선택을 할 수 있다. 그 선택은 당신에게 달려 있다.

일등석 아웃라이어는 그들의 잠재력에 도달하기 위해 마음을 먹는다. 그들의 결정은 표면에서 깊게 내려가 그들의 영혼에 다다른다. 그들의 꿈과 간절함에 맞닿는다.

영혼의 작업을 할 의향이 있으면 업그레이드에 매우 가까이 왔다고 볼 수 있다. 그러나 안으로 들어가는 게 두렵다면 표면 바로 위에서 오도 가도 못하는 상태로 머물 것이다.

행복한 착륙

비행기는 위로 올라가도록 고안되었지만 또한 내려올 수 있게도 만들어졌다. 더 높은 삶을 디자인하는 맥락도 이와 마찬가지다. 지금까지 이륙과 비행 단계의 중요성을 보았다. 다음 장에서는 행복한 착륙을 어떻게 할 수 있는지 알 수 있다.

당신의 목표는 단순히 상공에 있지 않다. 하늘 위는 매우 경이롭지만 친절한 하늘이 당신의 최종 목적지는 아니다. 더 높은 삶을 디자인하는 여행가에게는 더 고상하고 높은 목표가 있다. 이는 그들이 의도하는 종착지에 건강하고 부유하고 행복하게 다다르는 것이다.

그래서 승무원이 매번 비행기에서 "승객 여러분, 자리로 돌아가 주십시오. 지금부터 도착지에 가는 마지막 하강을 하겠습니다."라고 말한다.

☐ 나의 인식이 더욱 높아졌기 때문에 네 단계의 숙련도를 거치면서 숙련
된 마스터의 경지에 다다를 수 있다.

☐ 내가 원하는 이상적이고 전문적인 분야에 만 시간을 투자하여 아웃라
이어가 되고 일등석 마음가짐을 경험한다.

☐ 매일매일 행동을 하여 삶의 예술 마스터가 된다.

☐ 일등석 인맥을 연결하여 더욱 높은 삶을 추구한다.

☐ 일등석 조언을 활용하여 더욱 큰 목표를 달성한다.

☐ 일등석 명료함으로 어려운 시기도 잘 견뎌낸다.

☐ 나의 가치와 기술을 잘 알아서 일등석 능력을 구현한다.

☐ 일등석 자신감으로 고객의 신뢰를 얻는다.

☐ 나의 마인드, 몸과 영혼을 의도적으로 연결하여 일등석 삶에 동참한다.

착륙 — 통합

매 순간을 축복하라

깊은 존재감은 넓은 미래를 만든다

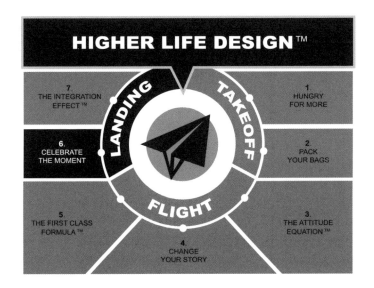

자라면서 큰 꿈이 있었다. 이국적인 곳을 여행하며 봉사 활동으로 사람들을 돕고, 국제적인 사업을 위해 제3 외국어를 배우는 것이었다.

학교를 졸업하고 일을 하면서 나는 내 꿈을 향해 느리게 가고 있다는 걸 깨달았다. 좌절하기도 했지만 내가 진정으로 원하는 삶을 살 수 있는 더 나은 방법을 꾸준히 찾고 있었다.

제퍼슨을 만나고 그의 지도를 따르면서 나도 위대한 삶을 살 수 있고 나의 꿈을 충족시킬 수 있다는 것을 알게 되었다. 제퍼슨은 나의 과거와 상관없이 내 이야기를 어떻게 다시 만들 수 있는지 겸손하게 보여 주었다.

싱글 맘으로 두 가지 일을 하면서 아들과 함께 시간을 보낼 여유도 없었다. 먹고살기 위한 몸부림은 너무도 힘겨웠다. 제퍼슨은 아들과 시간을 함께 보내며 엄마 역할도 잘할 수 있는 방법, 빚에서 해방되어 다른 사람들의 성공을 도우며 전 세계를 여행할 수 있는 방법 등을 가르쳐 주었다. 더 높은 삶을 어떻게 디자인하는지 가르쳐 준 제퍼슨 산토스의 리더십에 무한한 감사를 드린다.

- 이레네 H.

제퍼슨과의 첫 번째 코칭 콜을 잊지 못할 것이다. 내가 매우 조용히 있어서 제퍼슨은 나에게 계속 듣고 있냐고 물었다. 나는 그가 하는 말을 노트에 적고 있다고 말해 주었다. 가능한 모든 말을 다 받아 적고 싶었다.

그의 말은 나를 사로잡았다. 제퍼슨은 일등석 마음가짐과 일등석 언어 기술을 가르쳐 주었다. 나의 모든 걸 바꾸어 주었다. 사람들은 내게 "너의 말은 정말 정교해. 정말 해야 할 말을 적절하게 해."라고 말한다. 나의 언어 사용을 바꾸도록 독려해 준 제퍼슨에게 모든 공을 돌린다. 제퍼슨은 나의 마음가짐을 바꿔 주었고 그로 인해 내 언어 습관도 바뀌었다. 이제 내가 받는 돈도 달라졌다.

- 네이트 R.

나는 비행하는 걸 좋아하지만 착륙하는 것을 더욱 좋아한다. 새로운 세상을 탐험하는 느낌만큼 좋은 것은 없다. 몇 년 전 아내 메건과 홍콩, 태국, 싱가포르를 여행할 때의 일이다.

황홀한 경관과 여러 나라의 음식을 먹었다. 두리안도 먹어 보았다. 세 번 정도 베어 먹었는데 그 이상은 너무 진해서 그만두었다. 메건은 아이를 임신한 관계로 '임산부는 먹지 않을 수 있는 패스'를 사용했다. 두리안은 과일의 왕이라고 불리긴 하지만 그 질감, 냄새, 맛은 내가 생전 처음 먹어 보는 것이었다. 그날 밤 우리는 매우 신선한 해산물을 저녁으로 먹었다. 신선한 음식만큼 훌륭한 맛은 없다.

다음 날이 되었다. 평범한 화요일 오후, 우리는 친구인 제임스 리, 새로 만난 친구들과 함께 높은 낭떠러지에 앉아서 망고를 먹었다. 푸껫에서 편히 쉬면서 말로는 다 형언하기 어려운 아름다운 경관과 소리를 즐겼다. 구글에 '카타 노이 비치'를 검색해 보면 내가 무슨 말을 하는지 이해할 수 있을 것이다.

큰 흰색 글자를 새긴 작은 블루 사인

You should be here.

나와 함께 시간을 보낸 사람이라면 내가 이 말을 하는 것을 들어 보았을 것이다. 이 문장은 거의 모든 소셜 미디어에 도배될 정도로 많은 사람들이 애용하고 있다. 그러나 그 정확한 의미를 모른다면 그 메시지를 잘 모르게 된다.

몇 년 전 몇몇 친구들과 세계 여행을 갔었다. 날씨는 매우 좋았고 음식도 환상적이었다. 음악 소리도 매우 좋았다.

우리 중 한 친구가 지상 낙원이 따로 없을 만큼 완벽하다고 말했다. 우리는 모두 동의했다. 그런데 다른 한 친구가 "아니야, 그렇지 않아."라고 말했다. 우리가 즐기는 축복받은 상황에 느닷없이 찬물을 뿌리는 듯했다. "유토피아에 대한 우리의 묘사를 부정하는 거야?"라며 살펴보았다. 그 말을 한 친구는 한 명이 함께 하지 못한 걸 매우 아쉬워했다. 한 친구가 함께하지 못해 아쉽다고 하자 우리 모두는 또 공감했다. 아름다운 순간을 즐기고 있긴 했지만 한 명의 친구가 함께하지 못한 건 쓸쓸했다.

그때 한 친구가 즉시 전화기를 꺼내어 동영상을 찍어 남겼다. 그리고 어떤 친구가 동영상을 보내며 "You should be here!"라고 외쳤다.

우리가 느낀 딜레마를 그가 적절하게 말해 주었다. 타국의 천국에서 가진 환상적인 순간을 경험하는 축복을 누렸지만 친구가 이곳에 함께 있지 않은 빈 느낌 또한 가시질 않았다.

즉흥적으로 우리 모두는 "You should be here!"라고 말했다. 그리고 더 크게 외쳤다.

"YOU SHOULD BE HERE!"

"YOU SHOULD BE HERE!!!"

"YOU SHOULD BE HERE!!!"

우리의 역사적인 문구는 이렇게 탄생했다.

몇 년 후 우리는 이 하얀 글씨에 파란 사인 수천 개를 인쇄하였다. 온라인에 검색하면 사람들이 파란 사인을 들고 있다. 스카이다이빙을 하고, 제트 스키를 타고, 번지 점프를 하고, 파라 세일링, 스쿠버 다이빙뿐만 아니라 지프로 비포장도로를 달린다. 바다 위나 산꼭대기, 폭포 아래에서 파란 사인을 보게 된다. 사냥 여행이나 주요 스포츠 경기, 학교를 지어 주는 자원 봉사 현장에서도 파란 사인을 발견하게 된다.

그 메시지는 말 그대로 간단하다. YOU SHOULD BE HERE!

그러나 그 의미는 다각적이다.

- 너도 여기에 함께 있어야 해. 새로운 경관을 보게 될 거야!
- 너도 여기로 와. 새로운 음식을 맛보게 될 거야!
- 너도 여기에 있었으면 좋겠다. 새로운 문화를 경험하게 될 거야!

더 높은 삶을 디자인하는 여행자는 순간을 놓치지 않는다. 그들은 시간이 기다려 주지 않는다는 것을 안다. 시간은 당신이 있든 없든 흐른다.

당신은 지금 어디 있는가?

어떤 사람들은 내가 항상 여행을 가는 줄 잘못 알고 있다. 정확하게 말하면 나는 매일 여행하지 않는다. 그러나 매일매일의 삶이 어드벤처같이 느껴지긴 한다. 간단한 전략으로 이렇게 살고자 한다. 순간순간을 축복하면서 현재에 충분히 있고자 한다. 쉬워 보이지만 실제로 그렇게 사는 것은 어렵다.

얼마 전 나는 재미있는 현상을 발견했다. 많은 사람들이 저녁 시간에 모여 커피 한 잔을 마시면서 이야기하거나 스포츠 경기에 오는 것처럼 보이지만 좀 더 자세히 살펴보면 마음은 다른 곳에 있는 것이다.

당신의 사랑하는 사람들은 당신이 있지 않은 순간을 감지한다. 아무리 당신이 감추는 데 도사라고 하더라도 그들은 다 알게 된다. 당신이 그 순간에 있지 않으면 당신은 더 높은 삶을 디자인하는 순간을 놓치게 된다.

더 진행하기 전에 죄의식을 먼저 제거한다. 모든 사람이 "오늘 나는 내 삶에서 떠나 있기로 선택한다. 나는 의도적으로 나의 가장 중요한 순간을 놓치겠다."라고 말하지 않는다.

내 생각에는 이보다 훨씬 미묘하게 진행된다.

네 가지 유혹과 네 가지 기술

다른 사람들과 마찬가지로 더 높은 삶을 디자인하는 여행자는 그 순간을 놓치도록 꼬드기는 네 가지 유혹을 똑같이 느낀다. 그러나 이들은 이 같은 유혹에 대해 그 순간을 즐기는 네 가지 기술로 이겨낸다. 각각을 살펴보자.

유혹	기술
1. 통증을 앓는다.	1. 선택을 즐긴다.
2. 기술을 남용한다.	2. 틈틈이 쉬는 시간을 즐긴다.
3. 정신없이 바쁜 생활을 한다.	3. 편안한 휴식을 즐긴다.
4. 무조건적으로 순응한다.	4. 미침을 즐긴다.

유혹 1: 통증을 앓는다

지난번 확인했을 때는 통증을 피하는 것이 꽤 똑똑한 목표 같았다. 나는 통증을 즐기는 사람이 아니다. 당신도 이에는 동의할 것이라 생각된다.

인간으로서 우리는 고통으로부터 단절되기 위한 커다란 노력을 한다. 막 부모가 된 엄마, 아빠들은 그들의 아이가 세상에 태어나는 순간부터 고통을 막아 주려는 전략을 세운다. 우리도 그랬다.

어린 아들을 병원에서 데려올 때가 생각난다. 해리슨을 안전한 카시트에 앉혔다. 이 작은 안식처인 카시트는 사방의 에어백 사이에 굳게 고정되어 있었지만 시간당 20마일로 달리는 것조차 너무 빠르다고 느껴졌다. 아이의 아빠였기에 어떤 대가를 치르더라도 고통을 느끼지 않게 하려고 마음먹었다.

물론 이는 곧 짧은 시간 안에 끝났다. 우리 모두가 알고 있듯이 고통은 삶의 한 부분이다. 병원에서 주사 한 방 맞은 아이에게 물어보면 안다. 고통은 결국 우리가 인식할 수 있도록 들어온다.

어떤 면에서 고통은 좋을 수도 있다. 운동을 열심히 하는 사람은 내가 하는 말을 이해할 것이다. 진정한 결과는 오직 고통과 함께 온다. 이는 학업에서도 적용되고 관계에서도 적용된다. 어떤 분야에서든 뛰어나기 위해서는 꾸준한 노력이 필요하고 꾸준히 노력하는 데에는 고통이 따른다.

한 친구가 이렇게 말했다. "고통은 피할 수 없지만 불행은 선택이다." 라고.

무언가를 판매하는 이들은 동의하지 않기도 한다. 그들은 고통을 없애는 명약이라는 환영을 심어 주어 잘 팔리는 상품을 만든다. 이 말은 그럴듯할 수 있으나 그런 것은 불가능할 뿐이다. 사람들은 이 정도는 꿰뚫어 본다. 그렇기에 많은 이들은 고통을 느끼지 않으려는 태도를 취한다.

그들이 선택하는 전략은 '분리'다. 이 심리학 용어는 사람들이 정신적으로 멀리하려는 마음에서 의도적으로 그 순간을 벗어나고자 할 때를 의미한다. 심리 전문가에 따르면 분리는 방어 기제로 지루함, 분쟁 등과 같은 스트레스를 줄이거나 참도록 도와준다. 다시 말하면 사람들은 지금 이 순간이 너무 고통스럽기에 상황과 분리되려 하는 것이다.

이 전략은 대부분의 시간을 일하며 보낼 때 종종 사용된다. 이는 그 상황에 분리하려는 사람들이 정신적으로 '자리를 비우도록' 도와주게 된다. 시간을 더 빨리 지나가게 도와주고 싫어하는 일의 고통에서 벗어나도록 도와준다.

이렇게 분리하고 있는 근로자들은 생각보다 훨씬 많다. 갤럽 연구소는 미국과 전 세계 여러 나라 근로자를 대상으로 정기적인 여론 조사를 실시한다. 그 자료는 직장 참여도에 관한 놀라운 수치를 보여 준다.

최근 미국 근로자들의 수치를 보면 놀랄 것이다(다른 나라들은 더욱 힘든 현실을 보여 준다). 근로자들은 세 가지 부류로 나뉜다. △ 집중하고 있지 않은, △ 매우 집중하고 있지 않은, △ 집중하고 있는 등 각각의 상태를 자세히 살펴보기로 하자.

집중하고 있지 않은

52%의 미국 근로자들이 집중하지 않은 상태이다. 이들은 돈 받은 만큼만 일한다. 그다지 행동을 보여 주지 않고 다른 일자리가 있으면 떠난다. 그들은 절반 정도의 마음을 내어 살고 일한다.

매우 집중하고 있지 않은

18%의 미국 근로자들은 매우 집중하고 있지 않은 상태다. 이들은 계산된 전략적인 방법으로 고용주로부터 뭔가 빼앗고, 동료에 대한 거짓말을 하고, 함께 일하는 환경의 통합을 깨뜨린다. 그들은 비생산적인 활동으로 자신이 집중하고 있지 않음을 보여 준다. 또 그들은 자신뿐만 아니라 주위 사람들을 파멸시킨다. 나쁜 사람들은 아니지만 '갇힌' 사람들로서 부정적으로 행동한다. 그들은 마음의 상처를 가지고 살고 일한다.

집중하고 있는

30%의 미국 근로자들은 집중하고 있는 상태다. 이 소수의 사람들이

책임감을 가지고 일을 해 나간다. 그들은 자신의 일이 곧 연장이라는 것을 이해한다. 이들은 불붙은 듯 일하고 그들이 만지는 모든 것도 그렇게 만든다. 그들은 마음을 다 바쳐서 살고 일한다.

갤럽 연구 자료를 참고하면 70%의 미국 근로자들이 집중하고 있지 않거나 매우 집중하고 있지 않은 상태다. 이렇게 분류해 보면 '생산성의 손해가 연간 5,500억 불'에 달한다는 것을 알 수 있다.

전술 1: 선택을 즐긴다

당신에게 옵션이 있는데 그게 어떤 옵션이 있는지 이해한다면 그 순간을 즐기는 데 더욱 가까워진다. 수만 시간을 불행의 늪에서 살기에는 삶이 매우 짧다. 그럭저럭 살면서 주말만을 기다리는 것은 제대로 사는 게 아니다. 자신에게 부여된 재능과 능력을 최대한 활용하지 않기에도 삶은 너무 짧다.

스티브 잡스는 이와 같은 덧없는 삶을 이해했다. 그리고 그것은 고용 선택 등 선택의 기준이 되었다.

"17세였을 때 나는 다음과 같은 인용문을 읽었다. '매일매일을 당신의 마지막 날이라고 생각하고 살면 언젠가는 당신이 분명히 맞는 날이 올 것이다.' 이 말은 내 안에 깊이 들어왔고 그날 이후로 33년 동안 나는 아침마다 거울을 보고 나 자신에게 물었다. '만일 오늘이 내 삶의 마지막 날이라도 오늘 하려던 일을 할까?' 그리고 그 대답이 며칠 동안 '아니.'라면 무언가를 바꿔야 한다는 것을 알게 될 것이다."

너무 쉽다고 생각되지 않는가? 그렇게 수월하지만은 않다.

만일 당신이 싫어하는 일을 한다면 그 일을 떠나면 된다. 내가 함께 하고 있는 회사는 분별 있게 일을 전환할 수 있게 도와준다. 사람들이 자유로워지도록 하고 추가적인 재정적 도움을 일으키며 더욱 큰 충족 감을 느끼게 한다. 수천 명의 사람들이 원래 하는 일 외에 추가적으로 수입원을 만든다. 그리고 시점이 적절하다 생각되면 그들은 자신이 사랑하는 일로 완전한 전환을 한다. 아이러니하게도 많은 나의 팀원들의 사업이 매우 성공적이어서 그들은 파트타임으로만 한다.

살아 있기 매우 좋은 시기이고, 당신의 성공 가능성은 인간의 역사 상 지금처럼 높은 적이 없다. 2000년대 초에 인터넷 회사를 공동 창업 한 대런 하디에 따르면 13년 전보다 기업인으로 성공할 확률은 564배 더 높다고 한다.

그는 그 이유를 다음과 같이 설명한다.

창업할 때 수백만 불을 들여서 시작하고, 웹 사이트를 구축하고, 운 영하는 소프트웨어와 서버 비용만 백만 불에 달한다. 오늘날에는 5천 불도 안 되는 비용으로 웹 사이트를 만들고, 경험 있는 IT 인력을 고용 하는 데 수백만 불을 사용한다(한정된 공급으로 인해 높은 비용을 지불한다). 그리고 구글 애드워즈AdWords, 페이스북, 트위터, 핀터레스트가 있기 전 마케팅 비용도 높게 지불했다.

분리하여 고통을 감당하려는 유혹과 싸워라. 당신에게는 선택권이 있다. 이 중 하나는 그 순간을 멀리하기보다 즐기는 방법이다. 당신의 가족과 친구들은 현명한 선택을 한 당신에게 감사하게 될 것이다.

유혹 2: 기술을 남용한다

이번 세기를 가장 밋밋하게 표현하는 말은 이것이다.

시대가 바뀌었다.

매일 한 사람이 평균적으로 신문 6개 분량의 정보를 만들어 낸다. 24년 전에는 두 장 반 정도의 분량이었다. 거의 200배 증가한 셈이다. 이수치는 우리가 매일 받는 정보의 양과는 비교도 되지 않는다. 거의 174개 신문의 양을 받는다. 소셜 미디어를 통한 데이터의 양은 매우 놀랍다.

- 브랜드나 개인은 하루에 3억 4천 건의 트위터를 보낸다.
- 사람들은 하루에 1,448억 건의 이메일을 보낸다.
- 사람들은 페이스북에서 하루에 684,000바이트의 정보를 공유한다.
- 사람들은 일 분 동안 72시간(259,200초)의 새로운 비디오를 유튜브에 올린다.
- 구글은 일 분에 2백만 개의 검색 질문을 받는다.
- 애플은 일 분에 47,000개 앱의 다운로드를 제공한다.
- 브랜드는 일 분에 34,000건의 페이스북 '좋아요'를 받는다.
- 텀블러 블로그 운영자들은 일 분에 27,000개의 신규 포스트를 올린다.
- 인스타그램에서는 일 분에 3,600개의 새로운 사진을 공유한다.
- 구글 플리커에서는 일 분에 3,125개의 새로운 사진을 올린다.
- 사람들은 일 분에 2,000개 이상의 포스퀘어Foursquare 체크인을 한다.
- 개인과 기관은 일 분에 571개의 신규 웹 사이트를 개시한다.
- 워드프레스 블로그에는 일 분에 350건의 신규 블로그 포스트가 올라온다.

이번 세기를 표현하는 두 번째로 밋밋한 표현은 이것이다.

지구의 모래 가루보다 300배 많은 정보의 시대, 그 순간을 놓치기 쉽다.

전술 2: 틈틈이 쉬는 시간을 즐긴다

기술로 인해 더욱 악화된 소음에서 휴식 시간을 갖지 않으면 그 순간을 즐기지 못하게 된다.

파스칼은 DVR, 영화, 전기가 나오기 수백 년 전부터 이와 같은 경향을 보았다. 그는 "인간의 모든 어려움은 방에 혼자 앉아 있을 수 없기에 일어난다."라고 했다. 그렇다면 정말 자신의 모든 어려움은 소음에 중독되어서 '내 시간'을 갖지 못하기에 생겼다고 의구심을 갖게 될 수도 있다. 파스칼은 그렇게 생각했다.

소음은 자신이나 다른 사람에 대해서 깊게 생각할 수 없도록 한다. 그러면 삶의 가장 중요한 질문도 할 수 없게 된다. 파스칼 이후 수백 년이 지나 토마스 에디슨이 그의 세대에서 이와 같은 트렌드를 발견했다. 그는 "사람들의 5%만 생각한다. 10%는 자신들이 생각한다고 생각한다. 그리고 나머지 85%는 생각하기보다는 죽는 것을 선택한다."고 했다.

표면적으로 기술은 무결하다. 물론 기술은 당신의 삶에 '소음'을 가지고 오지만 또한 재미와 오락도 제공한다. 당신이 재미와 오락을 표현하는 'Amusement'의 유래를 알게 되기까지는 그리 문제가 되지 않는다.

오락, 놀이, 유흥Amusement

a=아니다

muse=생각하다

이 어원을 보면 말 그대로는 '생각하지 않는다.'이다. 'Amusement'는 지금 현 순간에서 '산만하게 하고 분산되기 위해' 고안되었다. 일부 기술은 도움이 되긴 하지만 대부분은 놀이와 오락을 위한 도구이다. 기술이 이 순간을 즐기는 능력을 위협한다고 생각하지 않는다면 다시 한 번 생각해 보길 바란다.

『The Primal Blueprint』의 작가인 마크 시손의 혜안이 있는 글을 보고 이 위협의 규모를 알게 되었다.

"최근 65개국 사람들에게 여론 조사를 한 결과 73.4%가 스마트폰을 소유하고 있었다. 스마트폰을 사용하는 사람들은 하루 평균 110번 전화기를 확인한다. 이는 12시간 동안 5분에서 6분에 한 번씩 봤다는 뜻이다. 또 다른 연구에서는 이보다 약간 더 높은 횟수였다. 하루에 150번이었다."

다소 결과는 다르지만 기술에 중독된 사람들은 현 순간을 놓친다. 또한 많은 사람들은 몸의 이상도 경험한다.

· **거북 목**: 스마트폰을 사용하게 되면 고개를 계속 숙이고 목을 구부정하게 만들기에 척추에 엄청난 스트레스를 가져온다.

- **게임보이 척추**: 스마트폰으로 게임을 자주하거나 다른 손으로 들고 하는 기기의 사용은 장기간 흉추의 굴곡을 만든다. 성장기 아이들은 골격 체계가 계속 변화하기에 가장 취약하다.
- **손목 터널 증후군**: 하루에 백 건도 넘게 문자 메시지를 보내고 엄지손가락으로 이메일을 써서 보내게 되면 손의 힘줄을 과다하게 사용하게 된다.
- **자면서 문자 보내기**: 많은 사람들은 전화기를 머리맡에 놓고 자거나 잠이 깨기도 전에 문자를 확인하곤 한다. 술에 취한 상태로 말하는 것과 마찬가지다. 아침에 일어나면 무슨 말을 했었는지 기억하지 못한다. 잠을 방해할 뿐 아니라 이런 습관은 아무리 깨어 있다고 느껴질지라도 순간순간을 놓치게 한다.
- **상상의 전화기 진동 소리**: 연구 조사 결과 사람들은 주머니나 가방 안에서 자신의 전화가 진동한다고 착각한다는 게 밝혀졌다. 위험한 상태까지는 아니지만 기술이 꺼진 순간에도 이젠 우리의 생각을 침범한다는 것을 증명한다.
- **인터넷 중독**: 《포브스》 잡지는 정신 질환 분류 및 진단 분류 체계DSM-5에서 최근 인터넷 중독 증후군도 포함한다는 내용을 실었다. 《하버드 비즈니스 리뷰》 잡지는 페이스북에서 '좋아요'를 받으면 보상 시스템으로 인해 도파민이 증가한다는 것을 밝혔다. 더욱 많은 연구 조사에 따라 건강 의료 분야에서는 사람들이 순간을 놓치는 경향을 인정하는 추세이다. 그 결과 병원에서는 이에 따른 치료법을 제시하고 있다. 예를 들어 펜실베이니아 병원에서는 IADInternet Addiction Disorder, 즉 인터넷 중독 증후군에 대한 입원 환자 프로그램을 운영하고 있다.
- **우울증**: 소셜 미디어를 더욱 자주 사용하거나 전화기를 확인하면 할수록 더 슬프거나 우울하거나 외로움을 호소할 가능성이 증가한다. 젊은 성인을 대상으로 한 최근 연구 조사 결과 페이스북 사용으로 주관적인 웰빙의 삶이 감소된다고 예측하는 반면 직접적인 사람과의 만남은 그렇지 않다는 것을 보여 준다. 임상

전문의들은 이를 '페이스북 우울증'이라고 부른다.

그렇다고 기술이 우리의 적이라고 믿는 것은 아니니 오해는 하지 않기를 바란다. 기술은 단순한 도구일 뿐이다. 그러나 기술의 중독은 더욱 높은 삶을 디자인하는 여행자들의 삶을 파괴할 수 있다. 쉬는 시간을 지키고 그 순간을 즐기는 방법으로 기술을 남용하게 되는 유혹을 이겨내길 바란다.

유혹 3: 정신없이 바쁜 생활을 한다

돈은 많지만 시간이 부족하다. 소유한 물건은 많지만 그것들을 즐길 시간이 없다. 사람들은 많은 사람들이 자연스럽게 말하는 "안녕하세요, 잘 지내시나요?"에 자조 섞인 불만을 내비친다.

- 바쁘네요.
- 정신없이 바쁘네요.
- 바빠 죽겠어요.

이런 말이 언제부터 명예의 훈장처럼 여겨졌을까? 이와는 반대의 대답을 들었다고 상상해 보자. 더 높은 삶을 디자인하는 여행자들이 종종 하는 대답이다.

- 나는 편해요.
- 나는 매우 편해요.
- 나는 편해 죽겠어요.

이런 식의 반응을 들으면 궁금해지고 혼란스러워지며 약간 질투가 나기도 한다. 이 말을 처음 들으면 이렇게 말하는 사람은 생각이 없고 별로 중요하지 않으며 약간 이상한 게 아닌가 생각될 수도 있다. 물론 이상할 수는 있다. 그러나 그게 나쁜가?

17세기 르네상스 인물인 파스칼은 '바빠 죽겠는' 상황을 매우 명료하게 설명했다. 세상을 떠난 지 400년이 넘은 사람이 바쁜 삶에 대해 얼마나 알겠느냐고 생각할 수도 있다. 그때에는 전기도, 비디오 게임도, 인터넷도 없었다. 그의 말을 보기 전까지는 나도 똑같이 생각했다. 그의 말을 보면 꼭 400년 후를 내다본 것처럼 소름이 끼친다. 고대 언어에 얽매이지 말고 그의 생각이 얼마나 들어맞는지를 느껴 보자.

"우리가 느끼는 불행한 마음을 위로해 줄 유일한 방법은 주의를 산만하게 하는 것이다. 그러나 이는 결국 우리를 최대로 불행하게 한다. 왜냐하면 이로 인해 우리 자신에 대한 생각을 하지 못하게 되기에……. 이것이 없다면 우리는 지루해진다. 지루함은 더욱 강한 무언가를 찾도록 한다. 그러나 산만함은 우리를 즐겁게 하고 인지하지 못하는 사이에 우리를 죽도록 한다."

파스칼은 그 시절 몇 명의 바쁜 사람들을 만났었던 것 같다. 그의 말을 현대식으로 바꾸어 보겠다.

"당신은 충족감을 향한 뼈아픈 고통을 피하기 위해 바쁘게 지낸다. 산만해지면 진실을 감추는 것이 가능하다. 그 대신 지루함을 받아들이면 더욱 깊은 작업을 할 수 있게 되고, 진정한 충족감을 느낄 수 있게 된다."

영화 '매트릭스' 제작자들은 파스칼에게 인세를 내야 할지도 모르겠다. 바쁜 생활이 우리를 진실로부터 비껴나가게 한다는 아이디어를 워쇼스키 형제가 영화에서 보여 주기 몇백 년 전에 그가 이미 설명했다. 그렇기에 그 영화를 그렇게 많은 사람들이 공감했던 건 아닐까?

영화에서 스미스 에이전트는 매트릭스가 어떻게 인간을 산만하게 하는지에 대해 말한다. "가만히 서서 그것을 바라보고 아름다움과 그 천재적 경이로움에 취해 본 적이 있는가?"라고 그가 물었다. "수십억 명의 사람들은 망각에 빠져서 삶을 살기에 급급하다."라는 대사가 나온다.

인간이 바쁜 삶에 주의를 빼앗겨 살기에 그들은 진실을 알아차리지 못한다. 기계가 인간을 미화된 배터리로 사용하고 있다는 진실 말이다. 기계에 의해 만들어진 통제 기제인 매트릭스는 인간의 전기 에너지를 다른 기기의 전원을 공급하기 위한 망으로 사용된다. 인간이 이 활동에서 저 활동으로 바쁘게 움직이는 한 그들은 곧 닥칠 재앙을 망각한 채 살아간다.

이 영화는 공상 과학 영화로 분류되었다. 단순한 판타지 영화라는 것이다. 그러나 영화 전문가들은 다시 한 번 재고해 볼 소지가 있다. 이보다는 우리 현실에 더욱 가깝기 때문이다.

전술 3: 편안한 휴식을 즐긴다
기계가 인간을 활용해 자신의 전자 에너지를 충전한다고 생각하지는 않는다. 그러나 적절한 휴식 없이는 곧 기계와 다를 바 없다는 생각을 하게 된다. 당신은 존재하는 인간이지, 무언가를 하기 위한 인간이 아니라는 것이다.

바쁜 사람들은 그 순간을 놓친다. 당신은 휴식이 필요하다. 휴식이 없다면 완전 고갈되어 다 말라 버린다. 시간을 내서 잠시 물러나 재충전하고 더 높은 삶을 디자인하는 여행자처럼 회복해야 한다.

언제든 내가 지금 너무 바쁜 건 아닌지 생각하게 될 때면 바쁘게 살고 있는 것이다. 그럴 때면 잠시 멈추고 개인 휴식 퀴즈PRQ를 푼다. 2분 정도 소요되는 퀴즈이지만 빠르게 다시 중심으로 돌아오도록 도와준다.

각자 PRQ를 풀어 보길 권한다. 대답은 정직하게 할 때에만 그 효과가 나온다.

당신은 어떤지 모르겠지만 내가 이 퀴즈를 풀 때면 '때론 그렇다'라는 대답도 있었으면 좋겠다는 생각이 든다. 만일 당신도 그런 기분이 든다면 그 느낌을 그저 무시하라. 유혹에 빠지지 말고 휴식을 즐기는 기술은 명료하게 그렇다 혹은 아니다일 때에만 효과가 있다. 그리고 명료함은 솔직할 때에만 가능하다.

개인 휴식 퀴즈	예	아니오
1. 나는 자주 길게 잠을 잔다.		
2. 에너지가 충전된 느낌이다.		
3. 내 삶에 여유가 있다.		
4. 나는 현실에 있는 사람이다.		
5. 나는 시간을 내서 내 몸과 정신, 감정을 잘 보살핀다.		
6. 나는 하루 종일 보고, 냄새 맡고, 소리를 잘 듣고, 사람들을 잘 관찰한다.		
7. 나는 사랑하는 사람들과 맛있는 음식을 먹고 유쾌하게 웃는다.		
8. 지난주, 계획된 활동을 해야 하는데 바깥 활동을 하였다.		
9. 지난주, 짬을 내어 약속을 잡지 않고 쉬었다.		
10. 지난주, 천천히 깊게 숨을 쉬는 것을 생각했다.		

'아니오'를 몇 개나 체크했는가? 한 개 이상이라면 당신은 이미 너무 바쁘다. 진정한 존재감은 당신이 평화로울 때에만 일어난다. 바쁨이 생산적인 것처럼 보일지 모르나 과연 무엇을 위한 바쁨일까? 스트레스, 녹초, 우울증은 너무 큰 대가다.

기술을 과용하는 유혹과 바쁘게 살아가는 상황에서 벗어나 쉬는 시간을 계획하고 그 순간을 즐기도록 한다.

유혹 4: 무조건적으로 순응한다

당신이 순간을 놓치도록 하는 마지막 유혹은 실제로 매우 지루하다. 그러나 아이러니하게도 그것이 문제가 된다. 순응은 당신을 예측 가능하게 하고 특별한 일 없이 지내게 한다. 단순하게 주위 사람들에게 묻혀서 안전하게만 살게 된다. 안타깝게도 당신이 편안해지면 타성에 젖게 되고 타성에 젖으면 그 순간을 놓치게 될 가능성이 더 높아진다. 쳇바퀴에 갇히게 되면 삶을 몽유병 환자처럼 살게 된다. 그런 상태에선 창의성이나 혁신은 불필요하게 된다.

더 높은 삶을 디자인하는 여행가와 비교해 보면 그들의 성장은 매번 아슬아슬한 끝에서 일어난다. 그렇기에 이들은 삶의 가장자리 끝에서 산다. 그들은 항상 성장하고 커 간다. 틀에 맞춰지는 건 어불성설이다. 그들은 그 틀을 깬다. 이와 같은 엘리트 여행가들은 미친 열정을 즐기며 현재 상태를 넘어선다.

전술 4: 미침을 즐긴다

세상을 오래 살펴보면 기회도 보이고 불공정도 보일 것이다. 대부분의 사람들은 이걸 보지만 순응하지 않는 사람들은 무언가 미친 행동을 한다. 그들은 행동을 취한다.

우리는 그들의 시도에 박수를 보내고 용기를 축하한다. 대중이 그저 침묵으로 가만히 앉아 있을 때 순응하지 않는 사람들은 일어나서 소리친다. 역사를 보면 그들은 어둠에 저항했을 뿐 아니라 촛불을 켜서 불을 밝혔다. 그들은 자신들이 저항하는 것이 무엇인지 말해 주었고 어디로 가려는지도 말했다.

'다르게 생각하라Think Different'는 애플 광고에 60초만 몸을 담구고 순응하지 않는 사람들의 태도가 되어 보자. 1997년 9월 28일에 데뷔를 한 이 광고는 애플의 르네상스 시대를 열어 주고 애플이 다시 제 길로 들어설 수 있게 큰 공헌을 하였다. 미리 경고해 두겠다. 매우 기억에 남는다. 온라인에서 광고를 무료로 볼 수 있다. 다음은 그 광고에서 하는 말이다.

"미친 사람들, 부적응자들, 반항하는 자들, 문제아들, 규격에 맞춰 들어가지 않는 이들, 다르게 보는 사람들에게 바칩니다. 이들은 규칙을 좋아하지도 않고 현상을 존중하지도 않습니다. 인용할 수도 있고, 동의하지 않을 수 있고, 위대하게 칭송하기도 하고, 비방하기도 합니다. 한 가지, 이들을 무시할 수는 없습니다. 왜냐하면 이들은 변화를 일으키기 때문이지요. 이들은 인류를 더욱 앞으로 밀고 나갑니다. 누군가는 이들을 미쳤다고도 하지만 우리는 천재를 봅니다. 자신들이 세상을 바꿀 수 있다고 믿는 미친 사람들이 실제로 세상을 바꾸니까요."

1분짜리 흑백 광고는 17명의 상징적인(순응하지 않은) 20세기 인물들을 담고 있다.

알버트 아인슈타인   마리아 칼라스

밥 딜런	마하트마 간디
마틴 루터 킹 목사	아멜리아 에어하트
리처드 브랜슨	알프레드 히치콕
존 레논(요코 오노와 함께)	마샤 그라함
버크민스터 풀러	짐 헨슨(개구리 커밋과 함께)
토마스 에디슨	무하마드 알리
프랭크 로이드 라이트	테드 터너
파블로 피카소	

애플의 공동 창업자 스티브 잡스는 '미친' 종족의 전형적인 인물이다. 관습에 얽매이지 않은 활동은 그의 얽매이지 않은 생각에서부터 흐른다. PBS 다큐멘터리 '마지막 한 가지One Last Thing'에서 그는 그의 미친 열정에 대해 조금 더 이야기한다.

"자라면서 '세상은 이런 곳이다.'라는 말을 듣는다. 그리고 당신은 세상에서 단순히 사는 것을 삶이라고 부른다. 벽을 너무 많이 부수려고 노력하지 말라. 예쁜 가정을 이루고 재미있게, 돈도 약간 모으려고 노력해라. 이는 매우 제한적인 삶이다. 일단 아주 간단한 사실을 발견하게 되면 삶은 그보다 훨씬 범위가 넓어지게 된다. 당신 주위의 모든 것은 당신보다 더 똑똑하지 않은 사람들에 의해 만들어졌다. 당신도 바꿀 수 있다. 당신도 영향을 미칠 수 있다. 당신도 다른 사람들이 사용할 수 있는 것을 만들어 낼 수 있다. 이를 알게 되면 당신은 결코 전과 같지 않을 것이다."

약간 미친 것같이 들리는가? 그럴 수도 있다. 그러나 나쁘다고는 할 수 없다. 아무도 하지 못하는 걸 얻으려고 하면 아무도 하지 않는 일을 해야 한다. 미침을 피하기보다는 미침을 축복하기 시작해야 한다.

깊은 존재감은 넓은 미래를 만든다

그 순간을 놓치기보다는 그 순간을 경험하는 것에 장점이 있다. 우선 시작하는 데 있어서 가족과 친구들이 당신의 존재감을 느끼게 된다. 그리고 당신이 천천히 갈 수 밖에 없도록 하는 생리적인 증상들을 예방한다.

이번 장에서 다룬 모든 효과를 넘어서서 가장 위대한 것은 깊은 존재감이 넓은 미래를 만든다는 것이다. 깨어난 집중을 하는 사람들은 단순히 삶을 살기에 급급한 사람들보다 더욱 높은 레벨에서 그 순간을 극대화한다.

우선 축하를 하고 싶다.

당신은 삶을 몽유병 환자처럼 살아가는 사람이 아니다.
더 높은 삶을 디자인하는 첫 여섯 가지 단계의 여정을 마쳤다.
이제 마지막 단계, 통합의 효과를 남겨두고 있다.

☐ 사람으로서 더욱 영역이 넓어졌다. 왜냐하면 지난달에 세상의 새로운 곳을 가 보았기 때문이다.

☐ 매일 현재를 즐기면서 모험을 하듯이 산다.

☐ 네 가지 전술을 이용하여 순간을 놓치도록 하는 네 가지 유혹을 이겨 낸다.

☐ 고통을 느끼지 않을 목적으로 분리 전략을 사용하지 않는다.

☐ 기술로부터 틈을 내어 쉬는 시간을 계획해서 삶을 단순히 보기보다는 실제로 살도록 한다.

☐ 균형을 잡고 기술을 사용하여 해로운 생리적인 증상을 피하도록 한다.

☐ 오락이 현재로부터 벗어나도록 주의를 분산시키는 것을 허용하지 않는다.

☐ 나는 매주 개인 휴식 퀴즈PRQ를 풀어서 바쁘기보다는 균형을 잘 잡을 수 있도록 한다.

☐ 지속적으로 성장하여 창의적이고 혁신적인 사람이 되도록 한다.

☐ 다른 사람이 하지 않는 일을 하여서 다른 사람들이 얻지 못하는 걸 얻을 수 있도록 한다.

통합의 효과

건강한 열매는 강한 뿌리에서 자란다

제퍼슨 산토스만큼 내 삶에 긍정적인 영향을 미친 사람은 없다. 다양한 세미나에 가 보았지만 솔직하게 말하면 내가 더 닮고 싶은 사람은 없었다.

제퍼슨의 성공 전략을 따르기 전 나는 좋은 직업을 가지고 있었다. 그러나 일주일에 거의 100시간 가까이 일했다. 내가 더 많은 시간을 일해도 수십 만 불의 빚은 줄어들지 않았다.

3년이 지난 지금 나의 순이익은 40만 불이다. 결혼 생활도 너무 좋고 올해 들어 매달 휴가를 떠났다. 제퍼슨은 내가 미처 가능하다고 생각지도 못한 행복의 문을 열어 주었다. 계속 더 배우면 배울수록 이와 같은 원리를 내 아이들에게 가르치고 있다. 우리 가족이 대를 이어서 더욱 성공할 수 있도록 말이다.

- 윌 J.

나는 비즈니스의 어려움과 재정적 문제로 힘들었다. 그러나 항상 세상을 여행하고 싶었고 가족들에게 좋은 삶을 누리게 해 주고 싶었다. 나는 열심히 일했지만 늘 막다른 곳에 다다르고 있었다.

제퍼슨을 만났을 때 신선한 공기를 들이마신 것 같았다. 그의 에너지와 열정을 보며 그가 하는 일에 관심을 갖게 되었다. 그는 분명히 어딘가를 향해 가고 있었다.

그는 내가 꿈을 좇아갈 수 있도록 용기를 주고 할 수 있도록 가르쳐 주었다. 그날 이후로 더 높은 삶을 디자인하는 방식을 적용해 나의 이상적인 삶을 디자인했다. 제퍼슨에게 고맙다.

- 수제이 D.

나는 새싹을 좋아한다. 당신이 먹는 어린 새싹이 아닌 심는 새싹을 좋아한다. 땅에 심지 않고 그 새싹을 삶에 심는다. 나는 밭에서 실제로 심고 기르는 걸 좋아하지 않는다. 그래서 내가 말하는 새싹은 상징적인 의미에 더 가깝다. 내 마음속 새싹은 작은 노력으로 커다란 잠재력을 내포한 것을 상징한다.

나는 팀을 가르칠 때 그들의 새싹에 관심을 기울이라고 말한다. 이는 이젠 더 높은 삶을 디자인하는 습관 중의 하나가 되었다. 무슨 의미인지 좀 더 자세히 설명하겠다.

종종 당신의 하루를 바라보면서 하루 종일 무엇을 한 건지 의아해지기 쉽다. 물론 우리 모두처럼 당신도 매우 바쁘다. 더 중요한 질문은 하루 종일 생산적이었나 하는 것이다.

'나무' 하나를 통째로 심는 날은 거의 없다. 맥락을 바꾸어서 '나무'를 심는다는 건 계약을 성사시키고 프로젝트를 끝내거나 혹은 새로운 고객을 확보하는 것이다. 그러나 이와 같은 큰 보상은 매우 드물게 일어난다.

더욱 자주 당신의 하루는 '나무'보다 '새싹'에 뿌려진다. 당신의 '새싹'은 건강한 간식을 선택하는 것이 될 수도 있고 결론에 이르도록 확인하는 것이나 자기 계발서의 한 챕터를 읽는 것이 될 수도 있다.

새싹은 매우 작아서 대부분의 사람들은 간과하기 쉽다. 자신의 새싹을 지나치면 안타깝게도 바로 죽게 된다. 아무도 알아보지 못하는 것은 물을 주지 않는다. 그리고 제대로 관심을 주고 노력을 기울여 주지 않으면 새싹은 바로 시들어 버린다.

관심을 가지고 살펴보지 않으면 놓치게 된다. 바로 지나치게 되거나 안타깝게도 무의식적으로 밟아 버리게 된다. 제대로 자라지도 못한 새싹을 보며 느끼게 되는 감정은 후회이다.

그러나 당신이 새싹을 발견한 후 제대로 관심을 보여 주고 키우려고 애를 쓴다면 새싹은 나중에 이야기할 만큼 무언가로 성장한다. 생각해 보자. 모든 나무도 언젠가는 작은 새싹이었다. 14세기 격언에서는 '커다란 참나무는 작은 도토리에서 자란다.'라고 했다.

도토리를 땅에 묻으면 작은 새싹이 나고 주위 토양에 강한 시그널을 보낸다. 자라고 커지는 데 필요한 모든 양분을 끌어 모은다. 기적적으로 자라서 크기와 굵기가 매우 단단해진다.

똑같은 도토리가 커다란 참나무가 되어 다른 도토리를 만들어 낸다. 참나무에서 일 년에 평균 7만 개에서 15만 개의 도토리가 열린다. 나무가 살아가는 동안 거의 1,350만 도토리가 열리는 것이다. 엄청난 숫자는 이 나무에서 열린 도토리가 다시 새싹이 되어 자란 수를 합한 것이 아니며, 그 나무에서 또 열린 도토리가 다시 나무가 된 것을 센 것도 아니다. 다음번에 당신의 삶에서 새싹을 보게 되면 그 작은 새싹 하나에서 1,350만의 잠재력이 있다는 걸 생각해 보자.

통합 효과

기본적이겠지만 새싹에 관심을 보이고 자랄 수 있게 신경을 써 주는 것은 예술이기도 하고 과학이기도 하다. 이해하기 쉽도록 통합 효과라는 프로세스를 개발하였다. 이 프로세스를 적용하면 아주 작은 노력일지라도 큰 결과를 만들어 낼 수 있다. 'S·P·R·O·U· T·S'의 단어를 기억하면 잘할 수 있다.

통합 효과

S=멈추다Stop

P=숙고하다Ponder

R=기록하다Record

O=최적화하다Optimize

U=활용하다Utilize

T=성장을 측정하다Track

S=공유하다Share

각각의 행동을 자세히 살펴보자.

S=멈추다Stop

당신의 새싹을 보기 위해서는 원하지 않는 일을 해야만 한다. 멈추어야만 한다.

전문가들은 우리의 주의가 3분마다 다른 데로 간다고 말한다. 매우 안타까운 결과이다. 그러나 상황은 점점 더 안 좋아진다. 다시 집중을 하게 되는 데 11분이 소요된다. 대부분의 사람들은 하루 종일 집중하지 못한 상태로 시간을 보낸다.

멈추는 것은 비생산적이라고 느껴지기에 멈추는 것이 괴롭다. 그러나 여기 아이러니가 있다. 가장 생산적인 사람들은 '멈춤'의 시간을 만든다. GE의 전 CEO 잭 웰치는 하루 한 시간을 '창밖을 바라보는 시간'으로 빼놓았다. 마이크로소프트를 이끌었던 빌 게이츠는 당시 리더로서 많은 의견을 들어주어야 했지만 일 년에 2주간 '생각 주간'을 만들었다. 매우 능력 있는 이 두 명의 전 CEO들은 멈추지 않으면 그 어디로도 가지 못한다는 걸 이해했다.

멈추는 건 이상하게 느껴진다. 왜냐하면 다음과 같이 잘못 학습했기 때문이다.

- 활동을 해야 무언가를 이룬다.
- 움직임이 무엇이든 달성한다.
- 결과를 향해 성급하게 달려간다.

쉼 없이 활동만 증가하게 되면 효과는 더욱 감소된다. 에너지의 저장이 줄어들고 정신적인 집중도 힘들게 된다. 이러한 상태에서 같은 노력을 들여도 생산성이 훨씬 낮아지게 된다.

기억하자. 자신의 새싹을 보기 위해서는 멈추어야 한다.

P=숙고하다Ponder

한 친구가 "자신이 어디에 집중하고 있는지 주의 깊게 살펴라."라고 했다. 당신이 집중하고 있는 주제에는 그 이유가 있다. 더욱 깊게 들어가서 그 진실을 알아본다. 자신에게 다음을 질문해 보자.

- 왜 나는 특정한 주제를 좋아하는가?
- 왜 나는 특정한 활동을 하는가?
- 왜 나는 특정한 장소로 돌아오는가?

깊게 사색할 시간을 갖기 위해 멈추면 위의 질문에 대한 답을 찾게 된다. 나의 멘토 중 한 사람인 존 C. 맥스웰은 사색할 시간과 장소를 정했다.

시간

맥스웰은 수시로 사색할 시간을 갖기 위해 멈추었다. 이는 그가 매일 하는 5개 활동 중 하나이다. 다른 활동은 독서, 자료 정리, 질문하기, 글쓰기이다. 매일 사색하는 시간을 가져도 크리스마스에서부터 신년 새해까지는 더욱 깊게 내면으로 들어가는 시간으로 삼았다. 이와 같은 과정을 통해 그는 자신의 새싹을 알아볼 수 있었고 다가오는 새해에 대한 현명한 결정을 할 수 있었다. 그는 의도적으로 자신의 새싹에 더욱 시간을 투자하는 반면 잡초에는 시간을 적게 할애했다. 이런 전략이 큰 차이를 만들었다.

장소

인정할 건 인정해야 한다. 삶은 종종 정신없어진다. 그렇기 때문에 혼자만의 시간을 가질 수 있는 장소를 마련하기를 권한다. 혼자만의 장소는 당신만의 '산만하지 않은 장소'가 될 것이다. 맥스웰도 생각하는 장소를 따로 만들었다. 그는 이 장소를 '생각하는 의자'라고 불렀다. 그 의자에 앉을 때 그는 자연스럽게 숙고를 하게 되었다.

잘 기억하자. 당신의 새싹에 대해 숙고하기 위한 나만의 시간과 장소가 필요하다.

R=기록하다 Record

나이팅게일은 "아이디어는 미끄러운 물고기와 같다. 우리가 연필 끝으로 우연히 잡지 못하면 쏙 빠져나가는 특별한 재주가 있다."고 했다.

그녀는 중요한 것을 알고 있었다. 아이디어는 매우 잠시 왔다 간다. 아이디어는 항상 새싹으로 시작한 후에 시간이 흐르면서 최상의 것들만 성장한다. 그러나 안타깝게도 기록하지 못하면 뿌리가 내릴 시간도 없이 죽게 된다.

현대 기술은 더 이상 아이디어가 사라지도록 내버려 두지 않고 핑계 또한 통하지 않는다. 대부분의 스마트폰은 음성 녹음 기능이 있다. 최신 앱(에버 노트 또는 스프링 패드)은 새싹을 저장하고 기록할 수 있도록 기능을 제공한다. 어떤 도구를 사용하든지 당신의 생각을 기록하고 프로세스 해야 한다. 많은 사람들은 데이비드 앨런의 'Getting Things Done' 시스템이 효과적이라고 한다. 자신에게 맞는 도구와 시스템을 찾고 활용한다. 자신의 생각을 기록하면 당신에게는 끊임없는 잠재적 능력이 공급될 것이다. 더 유용한 것은 당신은 그 생각이 어디에 필요한 것인지 알게 된다는 것이다.

잊지 말자. 당신의 새싹을 기록하면 더욱 크게 성장하게 된다.

O=최적화하다Optimize

오늘날 받는 정보는 역사상 그 언제보다도 많다. 구글의 CEO로 재직 중인 에릭 슈미츠 회장은 흥미로운 관점을 제시했다. 그는 "인간의 역사에서 2003년까지 만들어진 정보는 이제 이틀 만에 만들어진다."라고 말했다.

이 많은 정보에 누구나 압도되기 마련이다. 《석세스》 잡지 출판인인 대런 하디는 이와 같은 현상을 보고 이제는 주의를 산만하게 빼앗기지 않는 능력이 성공한 사람과 성공하지 않은 사람을 구분하게 한다는 진실을 말했다. 그리고는 21세기의 가장 중요한 기술은 자신의 주의를 관리할 수 있는 능력을 배우는 것이라고 했다.

우리는 산만한 시대에 살고 있고 다음 세대는 어린 시절부터 더 정신없는 세상에 살 것이다. 평균 13~17세는 한 달에 4,000건의 문자 메시지를 주고받는다. 이는 6분에 한 개의 메시지를 주고받는다는 의미이다. 성인이라고 더 나은 상황은 아니다. 연구 조사 결과 사무직 근로자는 시간당 자신의 이메일을 40번 정도 확인한다고 발표된 바 있다. 방심하고 있다가는 새싹을 알아보지 못하게 되고 새싹을 통해 중요한 일을 할 기회를 놓치게 된다.

어떤 사람들은 바빠 보이고 싶어 하고, 어떤 사람들은 늘 바쁜 것을 자랑하기도 한다. 바쁜 가운데 실속 없는 삶은 '정신없는 비활동'이다. 이는 당신이나 당신의 팀에 도움이 되지 않는다.

과학에서도 사람의 마인드는 한 번에 한 가지에만 집중할 수 있다는 걸 증명했다. 멀티태스킹은 근사해 보이기는 하나 실제적으로는 단순한 허상에 불과하다. 나사의 리서치 심리학자인 제임스 존스톤은 "멀티태스킹을 하면 각각 하는 일이 더 느려지고 질이 낮아진다."고 말한다.

나는 이해한다. 아마 당신도 그러리라 생각된다. 그럼에도 많은 사람들은 여전히 멀티태스킹을 하지 않으면 불안해한다. 멀티태스킹을 하면 더 많은 성과를 낼 것이라는 허상을 약속하는데, 그렇다면 이와 같은 허상이 과연 현실에 나타나는가?

최근에 나온 조사 자료는 이메일과 전화에 방해받은 근로자들이 마리화나를 피우는 사람들보다 IQ가 두 배 이상 낮아지는 결과를 보여준다.

《하버드 비즈니스 리뷰》의 피터 브레그먼은 "여러 가지를 한 번에 하는 건 우리가 우리를 속이는 속임수이다. 마치 더 많은 걸 한꺼번에 한다고 착각한다. 실제적으로 생산성은 40% 하락한다. 우리는 멀티태스킹을 하도록 만들어지지 않았다. 하는 일을 계속 바꾸는 것이다. 한 가지를 하다가 다른 것으로 이동하는 것일 뿐 우리가 하는 일을 생산적이지 못하도록 방해하며 이와 같은 과정에서 시간도 더 허비된다."라고 말했다.

걸으면서 껌을 씹을 수는 있지만 두 가지 인지적인 업무를 동시에 수행할 수는 없다. 그렇게 시도하면 당신의 제한된 뇌 자원은 할당되어 나눠질 수밖에 없다. 이와 같은 반복적인 '업무의 변경'은 스트레스를 야기하고 생산성을 침해한다. 더 높은 삶을 디자인하는 여행가는 멀티태스킹이 그들의 새싹을 효과적으로 통합하지 못하도록 한다는 것을 이해한다.

기억하자. 단일 집중력을 유지하는 것이 당신의 노력을 최적화하고 당신의 새싹이 번성시킨다.

U=활용하다Utilize

대부분의 사람들은 가만히 앉아서 추측만 할 때 더 높은 삶을 디자인하는 여행가는 행동을 취하고 시간과 돈, 노력을 들여서 그들의 새싹이 자라도록 한다. 이와 같은 행동은 더욱 큰 결과를 더 빠르게 만들어 낸다.

주위를 잘 살펴보면 도움이 되는 다양한 종류의 자원과 관계가 가까이 있는 걸 발견하게 된다. 나의 새싹을 키워 주고 도와주려는 주위의 도움에 매우 감사드린다. 일부 도움은 전략적인 노력으로 이루어지고 일부는 훌륭한 트레이닝 비디오에서 얻는다. 중요한 건 우리가 어딜 살펴보아야 하는지만 알면 주변의 자원은 풍부하다는 것이다.

기억하자. 모든 자원과 관계를 활용하면 당신과 당신의 새싹은 자란다.

T=성장을 측정하다Track

그 누구도 씨를 심고 그 다음날 자라지 않는다고 화가 나서 땅을 파진 않는다. 성의 법칙에서 모든 건 잉태 혹은 배양기가 있다고 설명한다. 한 아이가 탄생하기 위해서는 배 속에서 9개월을 있어야 한다. 나무, 과일, 야채, 꽃이 나오는 데 필요한 기간도 계산해 볼 수 있다. 이와 마찬가지로 당신의 새싹이 빠르게 자라기까지는 일정한 배양 기간이 필요하다. 결과가 바로 보이지 않는다고 해서 너무 좌절하지 않기를 바란다.

당신이 유년 시절을 지날 때 누군가는 당신의 키를 정기적으로 재어 보았을 것이다. 벽에 기대어 서서 연필로 줄을 그어 얼마나 자랐는지 보기도 한다. 실제로 자신은 키가 자란 것이 느껴지지 않을 수 있지만 얼마나 자랐는지 재어 확인하면 의심은 사라진다. 연필로 그은 선 하나면 당신에게 필요한 모든 것이 증명된다.

기억하자. 당신이 가진 새싹의 성장을 측정하면 긍정적인 확신이 생기게 된다.

S=공유하다Share

새싹은 영원히 작게 머물러 있지 않는다. 그들은 자란다(더 좋은 건 열매를 맺는다는 것이다). 당신은 열심히 일했고 일한 '대가'를 시간으로 즐길 줄 알아야 한다. 당신 자신뿐만 아니라 이 열매는 당신의 주변도 넉넉하게 한다. 당신이 받아 보았기에 이제는 다른 이들에게 더욱 많이 줄 수 있게 된다.

나는 이를 직접 경험했다. 나는 운 좋게도 업계에서 최고 전문가들에게 배울 수 있었다. 그들과 시간을 함께하면서 나는 많은 지혜와 에너지, 그리고 열정을 얻었다. 나는 이와 같은 모든 '열매'를 나 혼자만 독식할 수도 있었으나 다른 이들에게 주기로 했다. 내 팀과 이 열매를 공유하면서 다른 사람들이 성장하도록 도움을 주는 동시에 나의 내면도 더욱 풍성해졌다.

기억하자. 당신의 열매를 나누면 성공은 더욱 깊게 통합된다.

☐ 나의 새싹에 집중하여 내 주변과 내 안의 잠재력을 놓치지 않는다.

☐ 작은 노력이 큰 결과를 낳는다는 것을 기억한다.

☐ 길게 멈추어 나의 새싹을 보고 시간과 에너지를 들여서 새싹이 자라도록 한다.

☐ 시간과 장소를 마련하여 나의 새싹에 대해 숙고하고 그에 따른 풍성한 수확을 할 수 있도록 한다.

☐ 시스템을 개발하여 나의 새싹을 기록하고 그래서 내 손에서 빠져 나가지 않도록 한다.

☐ 집중하여 나의 노력을 최적화하고 나의 새싹이 지속적으로 번성하도록 한다.

☐ 모든 자원과 관계를 활용하여 성장하고 나의 새싹을 키운다.

☐ 새싹의 성장을 측정하여 긍정적으로 확신을 갖도록 한다.

☐ 나의 열매를 공유하여 성공을 더욱 깊게 나눈다.

더 높은 삶을 디자인하는 선언

당신이 의도한 종착지에

오신 것을 환영합니다.

제퍼슨은 우리가 삶을 새롭게 만들고, 새로 시작하고, 새로 꾸려 나갈 수 있다는 것을 가르쳐 주었다. 삶이 힘들어질지라도, 과거가 어떠했든지 누구나 다시 시작할 수 있다는 것을 보여주었다. 진정으로 우리는 모두 더 높은 삶을 디자인하는 현실을 만들어 낼 수 있다.

– 어윈 M.–

이 책을 읽기로 하였을 때 당신은 여정도 함께 하기로 결정했다. 우리는 함께 새롭게 생각하는 방식인 '더 높은 삶을 디자인하는 방법'을 알아보았다.

그동안 세 가지 다른 단계를 이동해 왔다.

PART I : **이륙**—기대감

PART II : **비행**—준비

PART III : **착륙**—통합

위의 세 단계 안에서 더 높은 삶을 디자인하는 일곱 가지 세부적인 단계를 만났다.

- STEP 1 : **더 많이 갈망하라**

　　당신의 영향력은 당신의 식욕과 정비례한다

- STEP 2 : **짐을 싸라**

    바른 짐 싸기를 위해 불필요한 짐을 제거한다

- STEP 3 : **태도 공식**

    더 높은 고도=더 나은 태도

- STEP 4 : **당신의 이야기를 바꿔라**

    당신을 바꾸고 싶으면 우선 당신의 이야기를 바꾸어야 한다

- STEP 5 : **일등석 기법**

    일등석의 힘을 절대로 의심하지 말라

- STEP 6 : **매 순간을 축복하라**

    깊은 존재감은 넓은 미래를 만든다

- STEP 7 : **통합의 효과**

    건강한 열매는 강한 뿌리에서 자란다

더 높은 삶을 디자인하는 것은 생각하는 새로운 방식 그 이상이라는 것을 쉽게 잊곤 한다. 이는 진정 새롭게 살아가는 방식이다. 이 패러다임의 힘은 적용하게 되면 더 깊게 알게 된다. 우리 가운데 성장하는 그룹들은 고개를 끄덕일 것이다. 전 세계적으로 용기 있는 영혼은 대담하게 움직인다. 그들은 평균 대신 특별함으로, 무덤 대신 형언할 수 없는 걸로 바꾼다.

더 높은 삶을 디자인하는 여행가에게는 공통적인 믿음이 있다. 당신이 의도하는 도착지에 건강하고 부유하며 행복하게 다다를 수 있다는 것이다. 이와 같은 믿음을 당신이 세상을 보는 한 단면이라고 생각해본다.

어떤 이들은 이 단면을 선언한다고 부르기도 한다.

다시 말해 선언은 매우 강력하다. 선언은 의도를 단문으로 짧게 선포하는 것이지만 이를 통해 자신의 가치를 나타내고 때로는 행동으로 나오기도 한다. 선언은 결국 우리가 우리 삶에서 어떤 것을 발현하고 싶은지 더욱 명확하게 해 준다. 이 글을 읽고 나면 당신은 우리와 영원히 함께하고 싶을 것이다.

우리의 선언까지 온 것을 환영한다.

더 높은 삶을 디자인하는 선언

(킴 이튼 1958~2008)

신사, 숙녀 여러분. 안전벨트를 착용해 주시기 바랍니다. 이제부터는 좀 흔들릴 것입니다. 더 나은 자신을 만나기 위해 당신은 여정을 떠나야 합니다.

많은 사람들은 시계를 끄고, 움직이고, 마스크를 씁니다. 그들의 연기는 승진을 달성하고, 연금을 받게 하고, 금시계를 차게 할 수 있습니다. 그러나 이러한 가식적인 모습으로는 그들의 희망과 꿈, 마음을 병들게 합니다.

절대로 잊지 말아야 합니다. 당신은 단순하게 생존을 위한 삶을 살기 위해서 태어난 것이 아닙니다. 당신은 단순히 먹고 사는 것 이상의 삶을 위해서 이곳에 와 있습니다.

충족되지 않는 삶은 텅 빈 삶과 같습니다. 지난번 확인했을 때에도 여러분들은 아직 자기 길로 돌아오지 않았었습니다. 당신의 목소리와 열정을 찾고 당신의 자리를 기억할 만한 기회가 한 번 있습니다. 논리적으로 생각하고 의심해 보십시오. 그러나 너무 늦으면 안 됩니다. 왜냐하면 지금이 그 순간이기 때문입니다.

만발의 기대감을 안고 당신은 이제 이륙을 준비합니다. 당신의 더 높은 삶은 당신이 준비되기를 기다리고 있습니다. 우리의 그룹은 꾸준히 성장하고 있습니다. 그러나 여전히 주요한 여행자가 빠져 있습니다. 영향력에 대한 갈망은 매일매일 늘어납니다. 당신이 우리와 함께 해 주길 바랍니다. 왜냐하면 당신은 더 많은 걸 갈망하기 때문입니다.

당신은 깊은 내면의 작업을 하였고 그에 맞게 짐을 쌌습니다. 그 어떤 이도 그 어떤 것도 불필요하게 당신의 무게를 짓누르지 않도록 하였습니다. 이제 더욱 멀리, 빠르게 날아갈 준비가 되었습니다. 당신은 작은 꿈을 꾸어 본 적이 없습니다. 자, 이제 시작할 때입니다. 당신이 가진 비전의 고도가 당신이 만나는 모든 사람들을 매료시킵니다.

당신이 원하는 것을 얻는 것이 아닙니다. 당신이 주장하는 것을 얻는 것입니다. 그러므로 이제는 당신을 바꿀 때입니다. 먼저 당신의 이야기를 바꾸십시오.

일등석의 힘을 의심하지 마십시오. 업그레이드는 꼭 필요하고 시간이 많이 걸립니다. 이제는 착륙할 시간입니다. 그리고 디자인한 더 높은 삶을 통합할 때입니다.

여정의 다른 측면으로 당신은 지금, 현재에 충실한 사람처럼 살아갑니다. 당신은 혁신과 탐사로 마련되는 새로운 미래를 두 팔 벌려 끌어안습니다.

삶의 열매를 맛보십시오. 건강하고 부유하며 행복한 순간을 만끽하십시오. 당신의 성공을 주변과 나누십시오. 당신의 노력으로 더욱 축복을 받았습니다. 이 순간을 축복합니다. 당신이 의도한 목적지에 도착하였습니다.

더 높은 삶을 디자인한 것입니다.

부록

나는 더 높은 삶을 디자인하는 이 선언문을 내가 2001년에 만난 특별한 팀원에게 바친다. 연세는 나보다 20살 연상이시지만 킴 이튼의 마음은 언제나 청춘이었다. 그녀는 우리 회사 이벤트에 와서는 맨 뒷줄에 수줍게 앉았다. 그렇게 시작하였다. 그러나 시간이 흐르면서 그녀는 점점 앞줄로 나왔고 결국 무대까지 올라왔다. 이곳에서 킴은 자신의 목소리를 찾고 그녀의 삶에서 찾은 새로운 비전을 나누었다. 청중이었던 우리는 그녀의 건강하고 부유하며 행복한, 의도하는 목적지가 어디인지 들었다.

비록 그녀는 더 이상 우리 곁에 있지 않지만 그녀가 남긴 영향은 사라지지 않을 것이다. 내 마음속에서 그녀는 더 높은 삶을 디자인하는 여행가의 좋은 모범이었다. 킴이 운명을 달리하기 전, 그녀는 자신이 변화한 여정을 기록한 편지를 보냈다. 그녀의 메시지가 당신에게도 더 높은 삶을 디자인하는 원동력이 되기를 바란다.

신뢰하고 받아들이기

킴 이튼

나는 뉴욕 시의 5개 자치구 중 하나인 퀸즈에서 자랐다. 내 아버지는 스무 살 해군이었다. 내 어머니는 수학 천재였고, 재치 있는 전략가였으며, 예술인이셨다. 그러나 70년 전에 태어난 어머니는 당시 대세적인 사회의 시각으로는 그저 흑인 여성이었다.

집에서 살림하며 백화점 영업 직원과 우유 공장 데이터 입력 사원으로 일을 하셨다. 그녀가 하는 어떤 일도 그녀가 누구인지 또는 그녀가 어떤 사람이 될 수 있는지 가능성을 내비쳐 주는 것은 아무것도 없었다. 그녀가 하던 어떤 일에서도 그녀의 아이들에게 엄마로서 해 주고 싶은 것을 해 줄 수 있는 능력을 주지 못했다. 10센트짜리 아이스크림도 사 줄 수 없었다.

내가 8살이었을 때, 여름날 오후쯤 되면 'Mr. Softee' 아이스크림 트럭이 오곤 했다. 아이스크림은 10센트였지만 엄마가 가진 돈보다 훨씬 큰돈이었다.

어느 날 친구가 아이스크림을 들고 있는 걸 보았다. 나는 한 입만 달라고 했다. 그 광경을(나는 몰랐지만) 어머니가 보셨다. 어머니는 나에게 바로 달려와서 다시는 그러지 말라고 소리치셨다. 내가 '구걸'을 하는 것으로 보였다며 엄마가 줄 수 없는 건 다른 사람들에게 절대로 구걸하지 말라고 신신당부하셨다.

8살의 나는 완전히 풀이 죽었다. 단순하게 바닐라 아이스크림을 한 입만 먹어 보고 싶어서 그런 것뿐인데 왜 그렇게 화를 내시는지 이해가 되질 않았다. 어머니 입장으로는 자신의 딸이 엄마가 사 줄 수 없는 아이스크림을 먹고 싶어 하는 것이 창피하셨던 것 같다.

그때는 어머니가 얼마나 마음 아파하셨을지 헤아릴 수 없었다. 매주 열심히 노력하셔도 어머니는 단순한 아이스크림 콘 하나 살 능력이 되지 못했다.

어린아이의 머리로 나는 단지 도움을 요청한 것이었고, 그로 인해 엄청난 분노가 일어났다는 사실만 들어올 뿐이었다. 내 머릿속에서 그 사건은 나를 제한하며 평생을 따라다니는 생각으로 자리 잡았다.

절대로 도움을 요청하지 않는다. 절대로 약한 모습을 보이지 않는다. 절대로 그 누구에게도 내가 도움이 필요하다는 걸 알게 하지 않는다. 절대로.

몇 년 전, 나는 여행 회사를 시작하며 평생 동안 나에게는 오지 않았던 '기쁨을 느낄 수 있는 삶'을 만들기 위해 노력했다. 우리 회사에는 제퍼슨 산토스라는 젊은 리더가 있었다. 아들과 비슷한 연령이었다. 그러나 그는 나이를 무색케 할 정도로 지혜롭고 언변이 뛰어났으며 넘치는 에너지로 비전을 보여 주었다. 그럼에도 이 사람이 나의 멘토가 되리라고는 생각지도 못했다.

나와 그의 삶에는 공통적인 연결 고리가 없었다. 나이가 비슷한 것도 아니었다. 인종과 성별도 달랐다. 그는 스포츠를 좋아하지만 나는 별로 관심이 없다. 그는 힙합을 좋아하는 반면 나는 재즈를 좋아한다. 나는 그가 내 삶에 어떤 영향을 줄지 궁금했다.

나중에 알게 된 것은 모든 걸 바꾸었다.

제퍼슨은 내가 보여 주고 싶어 했던 내 잠재력을 봐 주었다. 그는 기준을 높게 잡았고 내가 그 기준에 도달하게 했다. 나는 그의 기대를 저

버리고 싶지 않아서 열심히 노력했다. 물론 그 과정은 두려웠다. 그를 존경하고 존중했으며 결코 실망시키고 싶지 않았다. 나는 항상 그가 나에게 바라는 점을 실천했고 "나를 믿어 주어서 고마워."라고 말했다.

나는 그를 위해 일을 하다가 결국 나를 위한 위대한 일을 해 보고 싶다는 생각이 들었다. 언젠가는 자신의 가치를 자기 두 눈으로 보게 되는 순간이 온다. 제퍼슨은 이 재능을 나에게 주었다. 나를 바라볼 수 있게 해 주고 놀라운 것들을 알아볼 수 있도록 안목을 키워 주었다. 그가 나에게 가진 믿음이 곧 나의 믿음이 되었다.

우리가 함께 일한 지 일 년 정도 지난 후 나에게 현실로 다가왔다. 내가 간절히 가고 싶었던 중요한 국제 세미나가 예정되어 있었다. 몇백 불을 내야 하는 세미나였다. 나는 겨우 생계비를 내는 형편이었던 관계로 돈이 있을 리 만무했다.

세미나 이틀 전, 제퍼슨이 전화를 걸어와 세미나에 가냐고 물어보았다. 나는 아직 아무런 예약을 하지 못했다고 말했다. 갈 수 있을지 미지수였지만 무엇이든 가능하다고 그에게 말했다.

그 후 그의 말은 나의 삶을 바꿔 놓았다. 그는 내게 "도움이 필요하세요(돈이 필요하세요)?"라고 물었다.

그는 나의 형편을 절대 몰랐을 것이다. 그 말을 들었을 때 마치 영원히 멈춘 것처럼 느껴졌다. 나는 다시 아이스크림 한 번을 핥아 먹고 싶어 했던 8살 아이가 된 듯했다. 내 자신에게 말했다.

절대로 도움을 요청해서는 안 되는데 어떻게 "그렇다."라고 말할 수 있어? 약하다는 걸 보여주는 건데 어떻게 "그렇다."라고 말할 수 있어? 그렇게 되면 내가 누군가의 도움이 필요하다는 것이 밝혀지는 건데 어떻게 "그렇다."라고 말할 수 있어?

그러나 나는 그 자리에 서서 "네, 그래요."라고 말했다.

왜냐하면 때로는 자신이 약하다는 것을 보여 주는 것이 가장 용기 있게 할 수 있는 일이기 때문이다. 올라갈 수 있는 유일한 길은 당신이 내려간다는 걸 인정하는 것이기 때문이기도 하다. 그것은 신이 당신의 손에 무언가를 놓아 주려면 우선 당신의 손이 비었다는 걸 인정해야 하는 것과 같다.

"그래요."라고 말했을 때 너무나 두려웠다. 그 전엔 누구의 도움도 받아들이지 않았었다. 그 부분은 절대로 다른 이에게 열어 주지 못했었다. 그러나 그 순간 나는 8살의 나에게 "아이스크림 좀 달라고 해도 괜찮다."고 말해 주었다. 나는 그 아이에게 네가 잘못한 건 없다고, 단지 엄마가 상처를 받았던 것뿐이라고 말해 주었다. 나는 또 도움은 신이 주는 선물이라고 말해 주었다.

나는 나의 친구이자 나의 멘토를 믿기로 했다. 그가 나의 진실과 취약한 모습을 가지고 상처 주지 않을 거라고 믿기로 했다. 그가 나의 딱딱하고 단단한 껍데기 안으로 들어오게 했다.

그가 보여 준 놀라운 친절함은 나에게 투자 가치 있고 노력해 볼 만한 사람이라는 메시지를 선사했다. 의심할 여지없이 그때가 내 삶의 시작이었다.

나는 그 세미나에서 내가 누구였는지 발견했다. 나는 게임에 들어가길 두려워하는 소심한 여자에서 이제는 어떻게 기회를 만드는지를 아는 여자가 되었다. 나는 나의 삶의 CEO가 되었고 내가 되어야 하는 사람이 되었다. 그리고 이 모든 건 그 하나의 간단한 질문으로부터 시작되었다. 도움이 필요하세요?

그 질문으로 우리는 연결되었고, 공유하고, 성장했다. 우리가 용기를 내어 'Yes!'라고 말할 때 우리는 신이 우리 안에서 일을 할 수 있도록 한다. 왜냐하면 신은 우리가 서로서로를 필요로 하도록 만들었기 때문이다. 주어라. 그러면 당신에게 주어질 것이다.

제퍼슨, 사람을 믿고 무언가를 받을 수 있게 가르쳐 주어서 감사해요.

나의 아내, 메건

당신이 보내는 존경과 사랑으로 매일매일 힘이 납니다. 당신의 꾸준한 지지와 나를 믿어 주는 마음을 느끼며 더 나은 남편, 아버지, 리더가 되어야겠다고 생각하게 됩니다. 당신은 나의 진정한 여행 동반자이고 나의 더 높은 삶을 디자인하는 소울 메이트입니다.

웨인 뉴전트

당신의 날개 밑에 나를 넣어 주고 나의 멘토이자 형, 친구로 있어 주어 감사합니다. 당신은 삶을 어떻게 살아야 하는지 보여 주었습니다. 당신의 비전과 삶의 열정은 매일 새로운 영감을 받게 합니다. 당신은 진정 '삶의 예술 마스터'입니다.

마이크 아주크

내가 나의 일을 시작할 때 당신에게 받은 영향은 아시는 것보다 훨씬 큽니다. 당신의 강한 성격, 뛰어난 수행력, 굽힐 줄 모르는 결연함을 마음 깊이 존경합니다. 처음부터 자기 계발의 중요성을 보여 주셨습니다.

대니와 한스 존슨

당신의 도움으로 성공할 수 있었습니다. 지속적인 교육의 힘을 보여 주셨고, 내가 가르치는 데에도 많은 영향을 주셨습니다. 당신은 더 높은 삶을 디자인하는 사람의 전형입니다. 사람들에게 믿음, 가족, 재정, 비즈니스를 가르치며 세상에 미치는 영향력을 존중하고 존경합니다.

마크와 켈리 아세타

마크는 내가 아는 분들 중 가장 재능 있고 열정적이며 겸손한 분입니다. 당신이 사람들에게 지속적으로 쏟아붓는 에너지는 정말 무한 감사드립니다. 당신에게 너무 많이 배웠고, 당신이 상징하는 것과 당신 그 자체를 그대로 존경합니다.

켈리의 도움 없이는 마크가 하는 일을 그렇게 뛰어나게 할 수 없었을 겁니다. 두 분 모두 감사드립니다.

도노반 아터번 주니어

당신이 가르쳐 준 뛰어남과 끝까지 해내도록 하는 습성은 내 경력 초기부터 기둥으로 삼았습니다. 나의 진정성에 대한 가치를 가르쳐 주신 분입니다.

롭과 킴 캠벌

당신의 겸손함과 학습 능력에 매우 큰 감명을 받았습니다. 이는 당신의 커다란 성공의 동력이 되었습니다. 두 분 모두 무조건적인 친구가 무엇인지 보여 주었고, 개인적으로 어려움을 겪을 때도 도와주셨습니다.

맷과 론다 모리스, 조니와 크리스탈 윔브리

가족을 이끄는 당신의 모습은 감동입니다. 십 년 이상의 우정은 나에게 세상 전부를 얻은 것과 같습니다. 당신의 자신감, 전문성, 리더십을 보고 영감을 받습니다.

브레드 쿡

내 일의 초창기, 틀에서 벗어난 생각을 할 수 있도록 그리고 내 비전을 확장할 수 있도록 도와주셨습니다.

나의 중학교 1학년 수학 선생님, 둘리 부인

나를 믿어 주셔서 감사합니다. 그 어린 나이에도 위대함을 향해 갈 수 있도록 밀어 주셔서 감사합니다. 선생님 덕분에 내 자신에게 더 높은 기대를 할 수 있었습니다.

어머니

나를 가장 응원해 주시는 응원자! 나를 항상 자랑스러워하는 것을 늘 알고 있었고 내가 최선을 다하는 것이라면 어머니에게 충분하다는 것도 알고 있습니다. 그런 마음은 아들에게 선물입니다.

아버지와 애나

아버지께서 보여 준 뛰어남의 기준은 내가 더욱 나아질 수 있는 채찍질이 되었습니다. 내 인생 최고의 시절에 잘 지원해 주셔서 감사합니다.

애나, 무조건적으로 사랑해 주셔서 감사합니다. 그리고 그동안 아버지를 잘 내조해 주셔서 감사합니다.

제니퍼, 크리스, 앤드류

내 형제들의 사랑과 지지는 큰 힘이 됩니다.

제레드, 샤논 갤리건, 크리스티나와 데이비드 월러, 스캇과 쉴라 로스, 테디우스와 제니스 화이트

여러분의 그리스도에 대한 믿음과 기반은 잘 알 수 있습니다. 친구들의 우정과 세상에 대한 사랑은 많은 걸 일깨워 줍니다.

브랜든 버처드

내가 무엇을 잘할 수 있는지 명확하게 알 수 있도록 해 주셔서 감사합니다. 당신의 전문성이 길을 닦아 주었습니다. 멘토이자 친구로서 관계에 감사드립니다.

댄 스테먼과 스코티 쿠푸스

우리 업계에서 기업가에 대한 기준을 훌쩍 올린 분입니다. 1998년, 청중으로 당신을 보고 존경했던 나의 초창기 시절이 기억납니다. 당신의 전략과 삶, 성공을 향한 비즈니스 전술에서 많이 배웠습니다. 당신을 친구라고 부르게 되어서 매우 영광입니다.

존 맥킬립, 에디 헤드, 카일 로우

세 분 모두 귀한 친구들입니다.

존, 진정으로 사람들에게 귀를 기울여 줌으로써 그들에게 존중하고 빛나는 모범이 되어 주셔서 감사합니다.

에디, 당신은 사람들에게 지속적으로 더욱 많은 가치와 방향을 제시하면 성공하는 데 필요한 자신감과 확신을 가질 수 있다는 걸 가르쳐 주셨습니다.

카일, 나와 우리 가족에게 외국에 있는 사람들도 진정한 친구가 될 수 있다는 것을 알게 해 주셨습니다. 당신은 전 세계 문화를 한데 묶는 방법을 알려 주셨습니다.

밥 우드

오랜 친구가 되어 주어 감사해요. 내 아이디어가 실현되도록 해 주어서 감사합니다.

축구 코치님들

토미 로빈슨, 찰리 웨더비, 게리 패터슨, 존 스토코프, 켄 니우마타로로, 코치 보이드, 코치 더비, 코치 콕스. 경기장 내외에서 더 잘할 수 있도록 코치해 주셔서 감사합니다.

내 동료들

여기 모든 분의 지지, 동료애, 우정이 아니었다면 지금의 나는 없었을 겁니다.

바이론 슈락, 제프 볼프, 트로이 브라운, 데이브 왓슨, 데이비드 피치, 마틴 루프, 데이브와 이베트 울로아, 드와이트와 파디아 한슨, 캐리와 리샤 슈나이더, 웨스 멜처, 제프 존슨, 마리아 디포스, 브라이언 더니반트, 카로스 로저스, 롭 플릭, 데이브 베어드, 던 몰튼, 베사니 웹스터, 제라미 랄슨, 에릭 그리바우스키, 게일 스피어스, 개비 델가딜로, 미치 블랙포드, 크리스와 리타 메이베리, 레이몬드와 재니 브라운, 로렌조 로이발, 데이비드 타운센드, 브라이언과 사라 브라운.

나의 리더님들

내 조직의 리더님들에게 큰 환호와 감사 말씀을 드립니다. 여러분의 고된 노고와 헌신으로 내가 사람들을 섬기고, 지금 하는 일을 할 수 있게 되었습니다. 여러분의 영향은 이번 생애를 넘어서 지속될 것입니다.

맷 모리스, 조니 웜브리, 얼렌 바트네, 에릭 '해피' 구스비크, 피터 파우더햄, 스시 아르야, 지리스토스 지리스토피, 사바스 지리스토피, 안드레아스 앤드로우, 캐터리나 콘스탄티노, 스타브로스 제노노스, 제임스 리, 데니스 베이, 어윈 경, 에밀리 강, 수제이와 카산드라 데브라즈, 스타브로스 콘스탄타나이즈, 에드 브런트, 마이클 잭스, 줄리오 아코스타, 제이 페이소, 웬디 카스틸로, 션 스타로크, 에릭 앨런, 존 히어홀드, 셜리 블란지 콜렛 바우어스, 로니 허지스, 디나 파워스, 재크 에드워즈, 조 태커리, 리사 헤드, 다니엘과 바네사 로토니, 토비 렘리, 스리니바스 바트, 스테판 리, 준 리, 에이프릴 콘술로, 제이와 애슐리 넬슨, 조지 아다마이즈, 에프로시니 아다마이즈, 오즈 코렌, 마이클 거비치, 안드레아스 마마스, 레이너 지머만, 알렉시스 아스테로 알렉산드로, 레이더 푸루홀멘, 신시아 고, 크랙 스위트, 칼과 세리 랜돌프, 프레드랙 터진.

나의 내부 팀

스칼렛, 새라, 제레드, 크레이톤, 밥, 캐리. 날 근사하게 보이도록 해 주셔서 감사합니다.

나의 세계 여행 친구들

마이크 푸트만, 모니코 페레즈, 커트니 타일러. 모든 여행이 기억에 남도록 해 주셔서 감사합니다.

안 된다고 했던 분들

저에게 제대로 된 일을 구하라고 말씀해 주셨습니다. 제가 할 수 없다고 말해 주셨습니다. 그 도전에 맞설 수 있도록 해 주셔서 감사합니다. 부정적인 말을 원동력 삼아 더 높은 수준의 사고와 존재가 되도록 오르려 했습니다.

| 출처 |

1   This quote has been widely attributed to many sources. However, based on our best research, we found it attributed to L. P. Jacks from his book written in 1932.

L. P. Jacks, *Education through recreation*, (New York: Harper & Brothers, 1932).

PART I: 이룩—기대감
STEP 1: 더 많이 갈망하라

2   Brett Mckay and Kate Mckay, "How to Use Valet Parking (Without Looking Like an Idiot)", *The Art of Manliness* (blog), March 19, 2013, http://www.artofmanliness.com/2013/03/ 19/ how-to-use-valet-parking-without-looking-like-an-idiot.

3   *Merriam-Webster OnLine*, s.v. "hunger", http://www.merriam-webster.com/dictionnary/hunger.

4   Nature, "Cold Warriors: Wolves and Buffalo", *PBS* video, February 12, 2013, http://pbs.org/wnet/episodes/cold-warriors-wolves-and-buffaio/full-epsode/8187.

5   Jeremiah 29:11

6   *The Free Dictionary by Farlex*, s.v. "decree", http://www.the-freedictionary.com/decree.

7   *Online Etymology Dictionary*. s.v. "decide", http://www.etymon-line.com/index.php?term=decide.

8   Dan Ariely, *Predictably irrational*, (New York: Harper Collins, 2008).

9   Scott M. Fay, *Discover your sweet spot*, (New York: Morgan James, 2013).

STEP 2: 짐을 싸라

10   *Merriam-Webster OnLine*, s.v. "baggage", http://www.merriam-webster.com/dictionary/baggage.

11   *The Free Dictionary by Farlex*, s.v. "baggage", http://www.the-freedictionary.com/baggage.

12   *Dictionary.com*, s.v. "luggage", http://dictionary.reference.com/browse/Iuggage.

13   Proverbs 16:18

14   Dr. Alan Goldberg, "The Athlete's Ego: Good or Bad?", *Competitive Advantage: Sports Psychology, Peak Performance, and Overcoming Fears & Blocks*, http://www.competitivedge.com/athlete's-ego-good-or-bad.

15   Associated Press, "Anderson Silva Knockout : Chris Weidman Wins Middleweight Title Fight at UFC 162", *The Huffington*

post, July 7, 2013, http://www.huffingtonpost.com/2013/07/07/chris-wiedman-anderson-silva-ufc-162-results_n_3556310.html.

16 Zig Ziglar, *Ziglar.com*, http://www.zigar.com/quotes/momey-isnt-everything-it-ranks-right.

17 WorldVentures, "Giving Back", http://www.worldventures.com/giving-back.

18 Experience Project, "I Need to Forgive Someone", *Experience project* (blog), May 29, 2008, http://www.experienceproject.com/stories/Need-To-Forgive-Someone/230846.

19 Betty W. Phillips, Phd., "The Secret Caleld Forgiveness", http://www.bettyphillipspsychology.com/id108.html.

20 Ibid.

21 Lewis B, Smedes, *Goodreads*, http://www.goodreads.com/author/quotes/56576.Lewis_B_Smedes.

22 Corrie ten Boom, "I'm Still Learning to Forgive", Guideposts, 1972, quoted in Corrie ten Boom, "Corrie ten Boom Story on Forgiving", *Family Life Education*, http://www.familylifeeducation.org/gilliland/procgroup/CorrieTenBoom.htm.

23 Ibid.

24 Roberto Assagioli, "Spiritual Practices: Forgiveness", *Spirituality and Practice*, http://www.spiritualityandpractice.com/practices/practices.php?id=9&g=1.

25 *Wikipedia*, s.v. "millennials", last modified December 31, 2013, http://en.wikipedia.org/wiki/Millennials.

26 *Thesaurus.com*, s.v. "grumble", http://thesaurus.com/browse/ grumble.

27 Elizabeth Scott, M.S., "Cortisol and Stress: How to Stay Healthy", *About.com*, updated October 18, 2013, http://stress. about.com/od/stresshealth/a/cortisol.htm.

28 For additional thoughts, see: Michael Hyatt, "#064: Two Kinds of Thinkers: Which One Are You?", *This is Your Life* (podcast), August 28, 2013, http://michaelhyatt.com/064-two-kinds-of-thinkers-podcast.html.

29 *The Free Dictionary by Farlex*, s.v. "envy", http://www.thefreedictionary.com/envy.

30 "Inspirational Quotations", *Appreciative Inquiry Commons*, http://appreciativeinquiry.case.edu/practice/quotes.cfm

31 Kathy Caprino, "Millionaire Brendon Burchard Shares the One Most Important Trait 'Experts' Need to Succeed", *Forbes*, June 27, 2012, http://www.forbes.com/sites/kathycaprino/2012/06/27/millionaire-brendon-burchard-shares-the-one-most-important-trait-experts-need-to-succeed/.

32 Sheryl Paul, "Love is a Verb", *The Huffington Post*, October 15, 2012, http://www.huffingtonpost.com/sheryl-paul/love-is-a-verb_1_b_1940731.html.

33 Dr. Valerie Young, "What Every Woman (and Man) Needs to Know about Competence, the Imposter Syndrome, and the Art of Winging it." PAESMEM Stanford School of Engineering Work-

shop, May 9, 2005, http://paesmem.stanford.edu/html/proceedings_8.html.

34 David Graham, "The Imposter Syndrome: Behind the Mask", *Toronto Star*, (website), July 14, 2007, http://www.thestar.com/article/234422.

35 Dr. Valerie Young, "What Every Woman (and Man) Needs to know about Competence, the Imposter Syndrome, and the Art of winging It." PAESMEM Stanford School of Engineering Workshop, May 9, 2005, http://paesmem.stanford.edu/html/proceedings_8.html.

36 "Be Kind; Everyone You Meet is Fighting a Hard Battle," *Quote Investigator*, June 29, 2010, http://quoteinvestigator.com/2010/06/29/be-kind.

37 Andy Wachowski and Lana Wachowski, *The Matrix*, motion picture, directed by Andy Wachowski and Lana Wachowski (The Wachowski Brothers), (1999, USA: Warner Bros.).

and

J. R. R. Tolkien, Fran Walsh, Philippa Boyens, Peter Jackson, *The Lord of the Rings: The Fellowship of the Ring*, motion picture, directed by peter Jackson, (2001, USA: New Line Cinema)

38 *The Free Dictionary by Farlex*, s.v. "gutsy", http://www.thefreedictionary.com/gusty.

39 *Wikipedia*, s.v. "William Wallace", last modified December 24, 2013, http://en.wikipedia.org/wiki/William_Wallace.

40   Richard LaGravenese, *Freedom Writers*, and Erin Gruwell, Freedom Writers, motion picture, directed by Richard LaGravenese, (2007, USA: Paramount Pictures).

41   "Leading Thoughts: Quotes on Self-Discipline", *Leadership Now*, http://www.leadershipnow.com/disciplinequotes.html.

42   Darren Hardy, "Do You Have a Fat Head?", *Darren Hardy*, August 6, 2013, http://darrenhardy.success.com/2013/08/do-you-have-a-fat-head.

43   OptimaHealth, "Optima EAP Thought of the Week", July 28, 2008, https://www.jlab.org/divdept/admin/HR/EAP/07-28-08.pdf.

44   Elle, "The Biggest Losers: Battle of the Fad Diets", *Elle*, (website), May 24, 2013, http://www.elle.com/beauty/health-fitness/most-popular-fad-diets#slide-2.

45   Mark Sisson, "Primal Blueprint 101", *Mark's Daily Apple* (blog), http://www.marksdailyapple.com/primal-blueprint-101.and Loren Cordain, PhD, The Paleo Diet, http://thepaleodiet.com.

46   Stanley Bronstein, "Change Your Life-Law #24-Position Yourself to be Disciplined", *SuperChange Your Life* (blog), April 29, 2013, http://superchangeyourlife.com/change-your-life-law24.

47   Anne Marie Helmenstine, PhD, "How Much of Your Body is Water?", *About.com*. http://chemistry-about.com/od/waterchemistry/f/How-Much-Of-Your-Body-Is-Water.htm.

48   Liza Barnes and Nicole Nichols, "Eat More Often, Lose More

Weight: The Benefits of Eating Several Small Meals Each Day",
Sparkpeople, http://www.sparkpeople.com/resource/nutrition_
articles.asp?id=1144.

49   Dr James B. Maas, Megan L. Wherry, David J. Axelrod, Barbara
      R. Hogan, and Jennifer A. Blumen, "Learning About the Power
      of Sleep", *Power sleep: the revolutionary program that prepares your
      mind for peak performance*, (New York: The New York Times on
      the Web, 1998) http://www.nytimes.com/books/first/m/maas-
      sleep.html.

50   Ibid.

51   Ibid.

52   Eric Hoffer, *The Ordeal of Change*, (1963).

53   *Wikiquote*, s.v. "Anatole France", last modified September 20,
      2013, http://en.wikiquote.org/wiki/Anatole_France.

54   John C. Maxwell, *The 21 irrefutable laws of leadership: follow them
      and people will follow you*, (Nashville: Thomas Nelson, 1997).

55   *searchQuotes*, s.v. "Charles DuBois", http://www.searchQuotes.
      com/quotation/The_important_thing_is_this%3A_To_Be_
      able_at_any_moment_to_sacrifice_what_we_are_for_what_we_
      could_bec/301242.

56   *Thinkexist.com*, http://thinkexist.com/quotation/tell_me_and_
      i-ll_forget-show_me_and_i_may/10546.html.

PART II: 비행—준비

STEP 3: 태도 공식

57   D. L. Stewart., *Dayton Daily News*, quoted by Nyad Xtreme Dream, http://www.diananyad.com/diana.

58   *Wikipedia*, s.v. "Diana Nyad", last modified December 30, 2013, http://en.wikipedia.org/wiki/Diana_Nyad.

59   Michael Walsh, "Diana Nyad reveals what was going through her head during 53-hour 'Xtreme dream' swim", *NYDailyNews*, (website), September 4, 2013, http://www.nydailynews.com/news/national/diana-nyad-opens-xtreme-dream-swim-cuba-florida-article-1.1445880#ixzz2e21fi2zW.

60   Cory Edwards, "Lessons in Manliness: Viktor Frankl", *The Art of Manliness* (blog), August 8, 2008, http://www.artofmanliness.com/2008/08/08/profiles-in-manliness-viktor-frankl.

61   Viktor E. Frankl, *Man's search for meaning*, (Vienna, Austria: 1946; USA: 1959).

62   John C. Maxwell, "Fight for Your Dreams in 2011", *John Maxwell on Leadership* (blog), January 3, 2011, adapted from John C. Maxwell, *Put your dream to the test: 10 questions that will help you see it and seize it*, (Nashville: Thomas Nelson, 2009), http://johnmaxwellonleadership.com/2011/01/03/fight-for-your-dreams-in-2011.

63   Katherine Jacobsen, "Why Diana Nyad refused to let her 'Xtreme Dream' die", *The Christian Science Monitor* (website), September 3,

2013, http://www.csmonitor.com/USA/USA-Update/
2013/0903/Why-Diana-Nyad-refused-to-let-her-Xtreme-
Dream-die-video.

64   Matt Sloane, Jason Hanna, and Dana Ford, "'Never give up:'
Diana Nyad completes historic, Cuba-to-Florida swim", *CNN*
(website), September 3, 2013, http://www.cnn.com/2013/09/02/
world/americas/diana-nyad-cuba-florida-swim.

65   *Nyad Xtreme Dream*, http://www.diananyad.com.

66   Matt Pearce, "Diana Nyad, after swim: 'You're never too old to
chase your dreams'", *Los Angeles Times* (website), September 3,
2013, http://www.latimes.com/nation/nationnow/la-na-nn-
diana-nyad-cuba-florida-remarks-20130902,0,1729111.story.

67   CBS News, "Diana Nyad on epic swim: My mantra was 'find a
way'", *CBS News* (website), September 3, 2013, http://www.
cbsnews.com/news/diana-nyad-on-epic-swim-my-mantra-was-
find-a-way.

68   "Ernistine Shepard the 75 Year Old Bodybuilding Grandma",
YouTube video, 2:54, posted by "Beanyman62News", July 11,
2012, http://www.youtube.com/watch?v=aUS0mrnMG0K.

69   Nick Vujicic, *Life Without Limbs*, http://www.lifewithoutlimbs.
org.

STEP 4: 당신의 이야기를 바꿔라

70   *Wikipedia*, s.v. "hakuna matata", last modified December 31, 2013, http://en.wikipedia.org/wiki/Hakuna_matata.

71   Irene Mecchi and Jonathan Roberts, *The Lion King*, motion picture, directed by Roger Allers and Rob Minkoff (Buena Vista Pictures, 1994; Walt Disney Home Video, 2011), DVD.

72   John 8:32

73   Irene Mecchi and Jonathan Roberts, *The Lion king*, motion picture, directed by Roger Allers and Rob Minkoff (Buena Vista Pictures, 1994; Walt Disney Home Video, 2011), DVD.

74   Ibid

75   Ibid

STEP 5: 일등석 기법

76   State Farm Mutual Automobile Insurance Company, "Steering Wheel Hand Position", *Teen Driver Safety*, last modified April 8, 2013, http://teendriving.statefarm.com/teaching-a-teen-to-drive/being-a-role-model/steering-wheel-hand-position.

77   K. A. Ericsson, R. Th. Krampe, and C. Tesch-Romer, "The role of deliberate practice in the acquisition of expert performance", *Psychological Review*, 100 (1993), 393-4.

78   Deirdre Donahue, "Malcolm Gladwell's 'Success' defines 'outlier' achievement", *USA Today* (website), last modified November 18, 2008, http://usatoday30.usatoday.com/life/books/news/2008-

11-17-gladwell-success_N.htm.

79   This quote has been widely attributed to many sources. However, based on our best research, we found it attributed to L. P. Jacks from his book written in 1932.L. P. Jacks, *Education through recreation*, (New York: Harper & Brothers, 1932).

80   Darren Hardy, "Why the Rich Get Richer", *Darren Hardy* (blog), November 8, 2011, http://darrenhardy.success.com/2011/11/why-the-rich-get-richer.

81   Proverbs 11:14

82   *WikiHow*, "How to Get an Upgrade to First Class", http://www.wikihow.com/Get-an-upgrade-to-First-Class.

83   Ibid.

84   Proverbs 23:7

PART III: 착륙—통합
STEP 6: 매 순간을 축복하라

85   *The Free Dictionary by Farlex*, s.v. "dissociation", http://www.thefreedictionary.com/dissociation.

86   *Wikipedia*, s.v. "dissociation", http://en.wikipedia.org/wiki/Dissociation_(psychology).

87   Gallup, Inc., http://www.gallup.com, accessed June 30, 2013.

88   Kelli Grant, "Americans hate their jobs and even perks don't help," *Today/NBC News*, June 24, 2013, http://www.today.com/money/americans-hate-their-jobs-even-perks-dont-help-

6C10423977.

89   The engagement levels in China, Singapore, and Germany are much worse than the United States. See: Marco Nink, "Employee Disengagement Plagues, Germany", *Gallup Business Journal* (website), April 9, 2009, http://businessjournal.gallup.com/content/117376/employee-disengagement-plagues-germany.aspx. Ashok Gopal, "Worker Disengagement Continues to Cost Singapore", *Gallup Business Journal* (website), May 11, 2006, http://businessjournal.gallup.com/content/22720/worker-disengagement-continues-cost-singapore.aspx.Jim Clifton, "China, We Have a Workforce Problem", *Gallup Business Journal* (website), February 21, 2013, http://businessjournal.gallup.com/content/160406/china-workplace-problem.aspx.

90   Kelli Grant, "Americans hate their jobs and even perks don't help," *Today/NBC News*, June 24, 2013, http://www.today.com/money/americans-hate-their-jobs-even-perks-dont-help-6C10423977.

91   "Billionaires' Advice for New College Grands," *Forbes* (website), http://www.forbes.com/pictures/edek45fghe/steve-jobs-live-each-day-as-if-it-was-your-lasyt.

92   Darren Hardy, "The Vault Door is Open!", *Darren Hardy* (blog), June 4, 2013, http://darrenhardy.success.com/2013/06/the-vault-door-is-open.

93   Martin Hilbert and Priscila Lopez, "The world's technological

capacity to process information", *MartinHilbert.net* (blog), http://www.martinhilbert.net/WorldInfoCapacity.html.

94 Martin Conner, "Data on Big Data", *MarciaConner.com* (blog), July 18, 2012, http://marciaconner.com/blog/data-on-big-data.

95 Blaise Pascal, *Penseees and other writings*, (Oxford: Oxford University press, 1995).

96 *Wikiquote*, s.v. "Talk: Thomas Edison", last modified June 13, 2013, http://en.wikiquote.org/wiki/Talk:Thomas_Edison.

97 Mark Sisson, "The Physiological Consequences of Being Hyperconnected", *Mark's Daily Apple* (blog), October 10, 2013, http://www.marksdailyapple.com/the-physiological-consequences-of-being-hyperconnected.

98 Alice G. Walton, "Internet Addiction: The New Mental Health Disorder?", *Forbes* (website), October 2, 2012, http://www.forbes.com/sites/alicegwalton/2012/10/02/the-new-mental-health-disorder-internet-addiction.

99 David Rock, "Your Brain on Facebook", *Harvard Business Review HBR Blog Network* (blog), May 18, 2012, http://blog.hbr.org/2012/05/your-brain-on-facebook.

100 Mark Sisson, "The Physiological Consequences of Being Hyperconnected", *Mark's Daily Apple* (blog), October 10, 2013, http://www.marksdailyapple.com/the-physiological-consequence-of-being-hyperconnected.

101 Blaise Pascal, *Pensees and other writings*, (Oxford: Oxford Univer-

sity Press, 1995).

102   James Fieser (editor), "The Matrix (1999)," *Philosophical Films*, http://www.philfilms.utm.edu/1/matrix.htm.

103   "Apple Steve Jobs The Crazy Ones - NEVER BEFORE AIRED 1997", YouTube video, 1:01, posted by "S Jackson", February 1, 2009, http://www.youtube.com/watch?v=8rwsuXHA7RA.

104   Ibid.

105   *Wikipedia*, s.v. "Think Different", last modified December 30, 2013, http://en.wikipedia.org/wiki/Think_Different.

STEP 7: 통합의 효과

106   *The Free Dictionary by Farlex*, s.v. "great oaks from little acorns grow", http://idioms.thefreedictionary.com/Great+from+little+acorns+grow.

107   Peter Gosling, "Fascinating Tree Seed Facts", *The Tree Seed Consultant*, http://www.treeseedconsultant.co.uk/average-seeds-per-tree.html.

108   Ibid.

109   "Attitudes of creative people: A descriptive sketch of the creative person", *Innovation Management*, http://www.innovationmanagement.se/imtool-articles/attitudes-of-creative-people-a-descriptive-sketch-of-the-creative-person.

110   MG Siegler, "Eric Schmidt: Every 2 Days We Create As Much Information As We Did Up To 2003", August 4, 2010, http://

techcrunch.com/2010/08/04/schmidt-data.

111   Joe Kraus, "We're creating a culture of distraction", May 25, 2012, http://joekraus.com/were-creating-a-culture-of-distraction.

112   Denis Campbell, "Email stress - the new office workers' plague: A deluge of messages distracts people from work", August 11, 2007, *The Observer / The Guardian* (website), http://www.theguardian.com/technology/2007/aug/12/news.

113   MG Siegler, "Eric Schmidt: Every 2 Days We Create As Much Information As We Did Up To 2003", August, 4, 2010, http://www.techcrunch.com/2010/08/04/schmidt-data.

114   "Infomania' worse than marijuana", April 22, 2005, http://www.news.bbc.co.uk/2/hi/uk_news/4471607.stm

115   Peter Bregman, "How (and Why) to stop Multitasking", *Harvard Business Review HBR Blog Network* (blog), May 20, 2010, http://blogs.hbr.org/2010/05/how-and-why-to-stop-multitaski.

116   "The law of gender guarantees our goals to become real", http://www.creative-wealthbuilding.com/law-of-gender.html.

and

       Bob Proctor, "Universal Law of Gender", *Purpose Balance Life*, http://www.purposebalancelife.com/law-of-gender.html.

더 높은 삶을 디자인하다

발행일	2016년 11월 10일	초판2쇄 2017년 1월 2일	

지은이	Jefferson Santos
옮긴이	사 은 영
펴낸이	전 홍 덕
펴낸곳	ICF Press
PRODUCER	곽 종 규
출판등록	2016. 7. 26(제300-2016-75호)
주소	서울시 종로구 북촌로 42-9(가회동)
홈페이지	국제문화재단 http://icfseoul.com

전화번호	(02)743-2080	팩스	(02)763-1543

ISBN   979-11-959315-0-7 03320